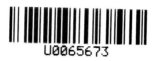

京氏易傳

三卷

四部叢刊經部

上海涵芬樓景印天一閣刊本原書版匡高營造尺六寸五分寬四寸九分

京氏易傳目録

上卷

乾 姤 遯 否 觀 剥 晉 大有

震 豫 解 恒 升 井 大過 隨

坎 節 屯 既濟 革 豐 明夷 師

艮 賁 大畜 損 睽 履 中孚 漸

中卷

坤 復 臨 泰 大壯 夬 需 比

巽 小畜 家人 益 无妄 噬嗑 頤 蠱

離旅鼎噬蒙渙訟同人
兌困萃咸蹇謙小過歸妹

京氏易傳卷上

吳鬱林太守陸績註
明兵部侍郎范欽訂

☰乾下乾上乾純陽用事象配天屬金與坤爲飛伏居世壬戌土癸酉金易云用九見羣龍无首吉純陽用九之德九三三公爲應肖乾乾夕惕之憂甲壬配外內二象乾爲天地之首分甲壬入乾位積筭起巳巳火至戌辰土周而復始吉凶之兆積年起月積日起時積時起卦入本宮五星從位起鎮星土星入西方麗西北居壬戌爲伏位參宿從位起壬戌壬戌

（在世居宗廟）建子起潛龍（十一月冬至一陽生）建巳至極主亢位（四月龍見于辰陽極陰來吉去凶生用九吉）配於人事爲首（乾爲首也）爲君父（乾象堅剛天地之尊故爲君父）於類爲馬爲龍（天行運轉不息）降五行頒六位（十二辰分六位升降以時消息吉凶）居西北之分野陰陽相戰之地易云戰于乾（乾爲陽西北陰陽入陰二氣盛必戰）天六位地六氣六象六包四象分萬物陰陽無差升降有等（陰陽二十四候律呂調矣）人事吉凶見乎其象造化分乎有無（故云變動不居周流六虛）六位純陽陰象在中（陽中陰陰中陽）陽爲君陰爲臣陽爲民陰爲事陽

實陰虛明暗之象陰陽可知三五爲陽二四爲陰初上潛亢水配位爲福德甲子水是乾之子孫木入金鄉居寶貝甲寅木是乾之財土臨內象爲父母甲辰土是乾之父母火來四上嫌相敵壬午火是乾之官鬼金入金鄉木漸微壬申金同位傷木宗廟上建戌亥乾本位戌亥乾之位陽極陰生降入姤卦八卦例諸

䷫巽下乾上姤陰爻用事金木互體天下風行曰姤姤遇也易曰陰遇陽一陰初生陽氣猶盛陰未爲敵與巽爲飛伏元士居世辛丑土甲子水尊就卑子孫與父母相代位定吉凶

只取一爻之象多以少爲貴九四諸侯堅剛在上陰氣處下易云繫于金柅巽積陰入陽辛壬降內外象建庚午至乙亥芒種小雪積筭起乙亥水至丙戌土周而復始災福之兆生乎五行升降也五星從位起太白太白在西居金位井宿從位入辛丑辛丑入土元土臨母也建午起坤宮初六爻易云履霜堅氷至建亥龍戰于野戌亥是乾之位乾伏本位必戰積陰之地猶盛故戰配與人事爲腹爲母坤順容於物於類爲馬易云行地無疆此釋一爻配坤象本體是乾巽今贊贊一爻起陰假坤象言之內巽爲風乾爲天天下

有風行君子以號令告四方巽入也風入於坤皆動也故知天下有風動其物也天風氣象三十六候三十六候節氣降大風象木入金爲始金納木也陰不能制於陽附於金柅易之柔道牽也五行升降以時消息陰盪陽降入遯天山

遯卦

䷠艮下乾上遯陰爻用事陰盪陽遯金土見象山在天下爲遯遯退也陰來陽退也小人君子汚隆契斯義也易云遯世無悶與民爲飛伏大夫居世建辛未爲月丙午火丙寅木六二得應與君位遇建焉

臣事君全身遠害（遯侯時也）建辛未至丙子陰陽遯去終而伏位（從六月至十一月也）積筭起丙子至乙亥周而復始（火土同宮天與山遯）陽消陰長無專於敗繫云能消息者必專者敗五星從位起太陰鬼宿入位降丙辰（丙午臨元土）配於人事爲背爲手（艮爲背手）於類爲狗爲山石內外升降陰陽分數二十八候（分陰陽進退）土入金爲緩積陽爲天積陰爲地山所地高峻逼通於天是陰長陽消降入否（陰逼陽去入天地否卦）

䷋（坤下乾上）否內象陰長（純用陰事）天氣上騰地氣下降

二象分離萬物不交也小人道長君子道消（陰小人陽君子）易云否之匪人與坤爲飛伏三公居世（乙卯）（木甲辰土）上九宗廟爲應君子以俟時小人爲災（乙卯）（泰來）建壬申至丁丑陰氣浸長（七月立秋至十二月大寒）積筭起丁丑至丙子周而復始（金丑土同宮吉凶見矣）五星從位起歲星（木星入卦用事）柳宿從位降乙卯（乙卯臨三公）氣分氣候三十六（六六三十六積筭吉凶）陰陽升降陽道消鑠陰氣凝結君臣父子各不迨及（陰盪陽來道行矣）易云其亡其亡繫于苞桑（苞桑則叢桑也）天地清濁陰薄

音搏陽消天地盈虛與時消息危難之世勢不可久五位既分四時行矣君子當危難世獨志難不可久立特處不改其操將泰來及上九云否極則傾何可長也否極則泰來陰長降入於觀九四被陰逼入觀卦

䷓坤下巽上觀內象陰道已成威權在臣雖大觀在上而陰道浸長與巽為飛伏諸侯臨世辛未土壬午火反應元士而奉九五君位也易云觀國之光利用賓于王臣道出於六四爻也建癸酉至戊寅陰陽交伏秋分至立春積筭起戊寅至丁丑周而復始用金為首金土

火互爲體五星從位起熒惑火星入卦用事吉凶星宿從位降辛未星宿入諸侯宮木星同位土木分氣二十八積筭分配六位吉凶爻定數陰陽升降定吉凶成敗取六四至于九五成卦之終也易云觀我生我生即道也又云風行地上君子之德風小人之德草也列象分爻以定陰陽進退之道吉凶見矣地上見巽積陰凝盛降入于剝九五退陰入剝卦

䷖ 坤下艮上 剝剝長剛滅天地盈虛建戌至建亥體象金爲本隨時運變水土用事成剝之義出於上九

易云碩果不食君子得輿小人剥廬君子全得剥道安其位小人終不可安也與艮爲飛伏丙子水壬申金天子治世反應大夫建甲戌至己卯陰陽定候寒露至春分積筭起己卯木至戊寅木周而復始吉凶之兆見于有象純土配金用事五星從位起鎮星土星入卦張宿從位降丙子張宿入天子官金土分氣三十六積筭六位起吉凶天地盈虛氣候易象云山附於地剥君子俟時不可苟變存身避害與時消息春夏始生天氣盛大秋冬嚴殺天氣消滅故當剥道己成陰盛不可逆陽息陰

專升降六爻反爲游魂盪入晉積陰反入晉卦

䷢坤下離上晉陰陽返復進退不居精粹氣純是爲游魂爲陰極剥盡陽道不可盡滅故返陽道道不復本位爲歸魂例入卦金方以火土運用事與艮爲飛伏巳酉金丙戌土諸侯居世反應元士建巳卯至甲申陰陽繼候春分立秋積筭起甲申金至癸未土周而復始游魂取象配於正位吉凶同矣五星從位起太白卦配金星入用翼宿從位降巳酉金翼宿北方入晉卦行事二象分候二十八運配金土積筭氣候無差於晷刻吉凶列陳象在其中矣天地運

轉氣在其中矣乾道變化萬物通矣乾分八卦至大有復卦六爻交通至於六卦陰陽相資相返相剋相生至游䰟復歸本位爲大有故曰火在天上大有爲歸䰟卦定吉凶配人事五行象乾爲指歸地凡八卦分爲八宮每宮八卦八八六十四卦定吉凶配人事天地山澤草木日月昆虫包含氣候足矣

䷍ 乾下離上 大有卦復本宮曰大有内象見乾是本位八卦本從乾宮起至大有爲歸䰟純金用事與坤爲飛伏甲辰土乙卯木三公臨世應上九爲宗廟建戌寅至癸未

立春正月至大暑時也積算起癸未土至壬午火周而復始吉凶與乾卦同用五星從位起太陰太陰水星入卦用事軫宿從位降甲辰二十八宿分軫星入大有卦用事行度吉凶可見金土分象三十六候配陰陽升降六位相盪返復其道復歸本位也吉凶度數與乾卦同分六五陰柔爲日照于四方象天行健六龍御天少者爲多之所宗六五爲尊也柔處尊位以柔履剛以陰處陽能柔順於物萬物歸附故日照于四方易曰火在天上大有離爲火爲日故曰大有陰陽交錯萬物通焉陰退陽伏返本也乾象分盪入卦入大

有終也乾生三男次入震宮八卦乾生三男坤生三女陽以陽陰以陰求奇耦定數于象也

☳震下震上震分陰陽交互用事屬於木德取象為雷出自東方震有聲故曰雷雷能警於萬物為發生之始故取東也為動之主為生之本易繫云帝出乎震安不動主靜為躁君與巽為飛伏庚戌土辛卯木宗廟處上六陰為陽之主震動動須由陰陽交互震動也運數入丙子至辛巳大雪至小滿積算起辛巳至庚辰土宮配吉凶周而復始吉凶配木宮以土用事五星從位起歲星水星

入卦用事角宿從位降庚戌土庚戌入震用事臨上六爻庚戌土位爲元首內外木上二象俱震易曰震驚百里又云畏鄰戒也震爲雷聲驚于百里春發秋收順天行也取象定吉凶取象爲陽配爻屬陰故曰陰陽交錯而爲震氣候分數三十六定吉凶於須刻毫釐之末無不通也無不備也定陰陽數考人之休咎起于積筭終于六位也陰陽交互陽爲陰陰爲陽陰陽二氣盪而爲象故初九三陰爲豫

入豫卦

䷏ 坤下震上 豫卦配火水木以爲陽用事易云利建

侯行師又云天地以順動故日月不過四時不忒坤順震動聖人以順動則刑罰清而民服與坤為飛伏乙未土庚子水世立元士為地易奉九四為正正建丁丑至壬午大寒芒種積筭起壬午至辛巳以六爻定吉凶周而復始火土筭休咎五星從位起熒惑熒惑火星入卦用事亢宿從位降乙未土亢宿配乙未土上木下見土內順外動故為悅豫時有屯夷事非一揆爻象適時有凶有吉人之生世亦復如斯或逢治世或逢亂時出處存亡其道皆系易云大矣

哉陰陽升降分數二十八極大小之數以定吉

凶之道積筭壬午入乙未推吉凶豫以陽適陰爲內順成卦

之義在於九四一爻以陽盪陰君子之道變之

於解豫卦以陰入陽成九四之德之入解卦陽入陰成解之德

䷧坎下震上解陰陽積氣聚散以時內險外動必散

易云解者散也解也品彙甲拆雷雨交作震雷坎雨

積氣運動天地剖判成卦之義在於九二與坎

爲飛伏戊辰土庚寅木立大夫於世爲人而六五降應

委權命於庶品建戊寅至癸未立春大暑推吉凶於

陰陽定運數於歲時積筭起癸未至壬午周而復始土火入數起宮五星從位起鎮星鎮星土位氐宿從位降戊辰氐宿入戊辰木下見水動而險陰陽會散萬物通焉升降屬陽盪陰以陽爲尊尊者高而卑者低變六三爲九三恒卦分氣候定數極位於三十六金水入數合卦成數定日月時變坎入巽居內象爲雷風運動鼓吹萬物謂之恒入恒卦

䷟巽下震上恒久於其道立於天地雷與風行陰陽相得尊卑定矣號令發而萬物生焉萬物得其道也生者

道一作進也雷風行而四方齊也齊者整肅與巽爲飛伏
辛酉金庚辰土三公治世應於上六宗廟宗廟爻建巳卯
至甲申春分立秋金木起度數積筭起甲申至癸未
周而復始金木入宮五星從位起太白太白金星入卦用事房
宿從位降辛酉房宿入卦立秋用上下二象見木分陰
陽於內外內巽陰外震陽氣候分數三十八金木入卦分節候
九三至於陽屯之位不順所履無定其位恒者常也
而九三以陽居位立于陰陽交互之上是知不久爲所然易云不恒其德
或承之羞陰陽升降反於陰君道漸進臣下爭

權運及於升（次降入升卦）

䷭（巽下坤上）升陽升陰而陰道凝盛未可便進漸之曰升升者進也卦雖陰而取象於陽故曰以陽用事（內巽陰木陽也）與坤為飛伏（癸丑土庚午火）諸侯在世元士為應候建庚辰至乙酉（清明秋分）積算起乙酉至甲申周而復始（金木合木宮見象定吉凶）五星從位起太陰（太陰水星入卦取象）心宿入位降癸丑（心宿入卦配土位）土下見木內外俱順動陰陽而長歲時人事配吉凶發乎動（占歲時人事吉凶之兆見乎動）易繫云吉凶悔吝生乎動

氣候配象數位三十六分陰爻數分陽爻數自下升高以至於極至極而反以修善道而成其體合抱之木始於毫末陰道革入陽爲坎水與風見井入井卦

☵☴巽下坎上井陰陽通變不可革者井也井道以澄清不竭之象而成於井之德也易云井者德之基又云往來井井見功也改邑不改井德不可渝也井道以澄清見用爲功也井象德不可渝變也與坎爲飛伏戊戌土庚申金九五處至尊應用見本象建辛巳至丙戌小滿寒露積算起丙戌至乙酉周而復始火土入卦起算數五

星從位起歲星（木星入卦東方用事）尾宿從位降戊戌（尾宿配戊戌入卦宮）坎下見風險於前內外相資益於君（井以德立君正民信德以其道也）賢人有位君子不孤傳曰德不孤必有鄰（六爻各處其務反覆陰陽變化各得其道也）氣候所象定數於二十八（爻配陰陽分人事吉凶具見矣）天地之數分於人事（近取諸身遠取諸物）吉凶之兆定於陰陽陰生陽消陽生陰滅二氣交互萬物生焉震至於井陰陽代位至極則反與巽爲終退復於本故曰游魂爲大過（降入大過卦）

䷛巽下兌上大過陰陽代謝至於游魂繫云精氣爲物游魂爲變是故知鬼神之情狀互體象乾以金土定吉凶去本末取二五爲過之功大者相過與坎爲飛伏丁亥水戊申金降諸侯立元首元士居應上建丙戌至辛卯起元氣從丙戌至辛卯卯爲卦建建者則所生之位今立建起至辛卯取陰陽至位極處也寒露至秋分積筭起辛卯至庚寅周而復始土木入卦用事五星從位起熒惑熒惑火星入卦箕宿從位降丁亥箕宿配丁亥水合卦宮也陰陽相盪至極則反反本及末於游魂分氣候三十六六爻極陰陽之數三十六五行

分配定吉凶於積算陽入陰陰陽交互反歸於本曰歸魂

降隨卦入澤雷隨卦

䷐震下兌上隨震象復本曰隨內見震也內象見震曰本

從震起至隨為歸魂純木用事與巽為飛伏庚辰土辛酉金世立

三公應宗廟建乙酉至庚寅秋分立春積算起庚寅

至己丑土木入卦氣算周而復始吉凶定於算數為準五星從位

起鎮星鎮星土入卦用事計都從位降庚辰計都配庚辰土入卦

分吉凶氣候分數二十八定數於六位六位雖殊吉凶

象震進退隨時各處其位無差晷刻內外二象

悅而動隨附於物係失在於六爻（易云係丈夫失小子又云係小子失丈夫此之謂也）吉凶定於起筭之端進退見乎隨時之義金木交刑水火相敵休廢於時吉凶生焉震以一君二民動得其宜（震一陽二陰陽君陰民得其正也）本於乾而生乎震故曰長男陰陽升降爲八卦至隨爲定體資於始而成乎終坎降中男而曰坎互陽爻居中爲坎卦

☵☵ 坎下坎上 坎積陰以陽處中柔順不能履重剛之險故以剋克柔而履險而曰陽是以坎爲屬中

男分北方之卦也與離爲飛伏戊子水己巳火世立宗廟居於陰位比近九五金於坎道遠於禍害三公居應亦爲陰暗成坎之德在於九五九二也內外居坎陽處中而爲坎主純陰得陽爲明臣得君而安其居也君得一作臣而顯其道也建起戊寅至癸未大暑大雪積筭起癸未至壬午周而復始金水入卦本同宮氣候起筭時日歲月吉凶五星從位起太白太白金星入水宮牛宿從位降戊子二十八宿從位八卦周而復始歲數運數三十六配六位分陰陽三百五十六餘日四分之一分五行配運氣吉凶見矣內外俱坎是重剛之位易曰坎陷也坎水

能深陷于物處坎之險不可不習故曰習坎便習之習後可得履于險而不陷沒者不以剛履柔不能成坎之道也震以陽居初能震動於物能爲動主乾生震一陽居於初震爲長男坎以陽居中爲重剛之主故以坎爲險陽變陰成於險道今以陰變陽止於爲

節次入于節卦

䷻兌下坎上節水居澤上澤能積水陽止於陰故爲節節者止也陽盪陰而積實居中悅內而險於前陰陽進退金水交運與兌爲飛伏丁巳火戊寅木元士立元首見應諸侯金火受其氣納到內建起甲申至巳

丑為本身節氣立秋大寒積筭起巳丑至戊子周而復始金水坎火運入卦雜定吉凶五星從位起太陰太陰屬水入卦用事女宿從位降丁巳配象入積筭金上見水本位相資二氣交爭失節則嗟易云不節若則嗟若分氣候二十八積筭起數二十八中男入兌少女分盪入陰中位見陽升降見長男次入水雷屯是則節儉入陽盪九二爻體歸於陽之入屯卦

䷂震下坎上屯內外剛長陰陽升降動而險凡為物之始皆出先難後易今屯則陰陽交爭天地始

分萬物萌兆在於動難故曰屯水在雷上如雲雷交作天地草昧經綸之始無出於此也故易曰屯如邅如乘馬班如泣血漣如屯難之際盤桓不進之貌難定乃通易云女子貞不字十年乃字字愛也時通則道亨合正四也土木應象見吉凶與震爲飛伏庚寅木戊辰土世上見大夫應至尊陰陽得位君臣相應可以定難於草昧之世建乙酉至庚寅秋分立春積筭起庚寅至巳丑周而復始土木配本宮起積筭五星從位起歲星木星入卦虛宿從位降庚寅虛宿入六二庚寅位分氣候三十六定吉凶之數陽適陰入中

女子午相敵見吉凶動入離象見既濟

䷾離下坎上既濟二氣無衝陰陽敵體世應分君臣

剛柔得位曰既濟離坎分子午水上火下性相交敵不間隔是曰既濟也

與離爲飛伏已亥水戊午火世上見三公應上見宗廟

内外陰陽相應坎離相納上下交坎水潤下離火炎上二氣相交爲既濟五行相配吉凶麗乎爻象吉凶之兆見乎爻象建

丙戌至辛卯寒露春分卦氣分節氣始丙戌受氣至

辛卯成正象考六位分剛柔定吉凶積筭起辛

卯至庚寅周而復始土木見運入卦五星從位起熒惑

熒惑火星入卦危宿從位降巳亥危宿入巳亥分氣候二十八定六爻之類考吉凶之兆坎入兌爲積陰二象分俱陰上下反覆卦變革坎入革六四盪之入陽變體爲陰也

䷰離下兌上革二陰雖交志不相合體積陰柔爻象剛健可以革變兌上離下中虛務上下積陰變改之兆成物之體故曰革易云君子豹變小人革面與兌爲飛伏丁亥水戊申金諸侯當世見元士九五六二爲履正位天地革變人事隨而更也更者變也建始丁亥至壬辰小雪清明水土配位土水入卦積筭起

壬辰至辛卯周而復始五星從位起鎭星土星入卦室宿從位降丁亥二十八宿室宿入卦華丁亥土分氣候三十六其數起元首分陰陽之象數吉凶生矣上金下火金積水而爲器器能盛納於物火變生而爲熟生熟稟氣於陰陽華之於物物亦化焉五行類五色五色類萬物稟和氣氣節順剛即逆逆即反反即敗易云已日乃孚孚猶信也陰陽更始動以見吉凶震主動也動以柔當位剛會之光大華變於豐外卦兌入震爲豐卦

䷶離下震上豐雷火交動剛柔散氣積則暗動乃明

易云豐其屋部其家闚其戶閴其無人三歲不覿乃凶（上六積暗而動凶之於上反下見陰之兆）火木分象配於積陰與震爲飛伏（庚申金戊戌土）陰處至尊爲世大夫見應君臣相暗世則可知臣強君弱爲亂世之始建生戊子至癸巳（大雪小滿）雷與火震動曰豐宜日中夏至積陰生豐當正應吉凶見矣（日中也）積筭起癸巳至壬辰周而復始（火土起筭）五星從位起太白（太白金星入卦）壁宿從位降庚申（壁宿入坎至豐庚申入土）分氣候二十八（積筭定六位起數二十八）上木下火氣稟純陽陰

生於內陽氣雜正性潰亂極乃反爲游䰟入積陰震入坤也陰陽升降反歸於本變體於有無吉凶之兆或見於有或見於無陰陽之體不可執一爲定象於八卦陽盪陰陰盪陽二氣相感而成體或隱或顯故係云一陰一陽之謂道一者道也外卦震降陰入明夷次入明之於人明夷卦

䷣離下坤上明夷積陰盪陽六位相傷外順而隔於明處暗不分一作明傷於正道曰明夷夷者傷也五行升降八卦相盪變陽入純陰春夏之秋冬也陰道危陽

道安故與震爲飛伏癸丑土庚午火傷於明而動乃見志也震動退位入六四諸侯在世元士爲應君暗臣明不可止箕子與紂也建起六四癸巳至戊戌游魂及六四爻數起小滿至寒露積筭起戊戌至丁酉周而復始土金入卦起筭數五星從位起太陰太陰水星入卦奎宿從位降癸丑奎宿入明夷配六四癸丑土上分氣候三十六二十六數入卦起筭推吉凶地有火明於內暗於外當世出處爲衆所疑之所及傷於明易曰三日不食主人有言陰陽進退金水見火氣不相合六位相盪四時

運動靜乃復本故曰游魂（本以宮入卦相盪六位推遷也）次降

歸魂入師卦

☵☷（坎下坤上）師變離入陰陽於正道復本歸坎陽在其中矣（內卦坎為本宮）處下卦之中為陰之主利於行師易云師者衆也衆陰而宗於一一陽得其貞正也與離為飛伏（離入坎也）陰陽相薄剛柔遷位（戊午火己亥水）世主三公應為宗廟建始壬辰至丁酉（清明秋分）積筭起丁酉至丙申周而復始（金火入卦起筭）五星從位起歲星（歲星木入卦）婁宿從位降戊午（婁宿入坎卦歸

竟六三爻分氣候二十八起筭入卦吉凶地下有水復本位六五居陰處陽位九二貞正能爲衆之主不潰於衆易云師貞丈人吉入卦始於坎陰陽相盪反至於極則歸本坎中男陽居九二稱中男升降得失吉凶悔吝策於六爻六爻之設出於蓍蓍之得象而卦生積筭起於五行五行正則吉極則凶吉凶之象顯於天地人事日月歲時坎之變於艮艮爲少男少男處卦之末爲極也震一陽居初爻坎二陽處中艮三陽處卦之末故曰陽極爲少男又云止也次入艮卦

䷳艮下艮上 艮乾分三陽爲長中少至艮爲少男本體屬陽陽極則止反生陰象易云艮止也於人爲手爲背取象爲山爲石爲門爲狗上艮下艮二象土木分氣候與兌爲飛伏丙寅木丁未爲少男取少女相配 世上見宗廟三公爲應陰陽遷次長幼分形乾三生男將至艮極少長分形長中分之謂建也 庚寅至乙未立春大暑 陰長陽極升降六位進退順時消息盈虛積算起庚寅至己丑周而復始木上入卦 五星從位起熒惑熒惑火星入卦 胃宿從位降丙寅胃宿入卦分位 分數位二十

六（配位六卦分吉凶）金木相敵升降以時艮止於物背於物易云時止則止時行則行剛極陽反陰長積氣止於九三初六變陽取其虛中文明在內成於賁次降入賁卦

䷕（離下艮上）賁泰取象上六柔來反剛九二剛上文柔成賁之體止於文明賁者飾也五色不成謂之賁文彩雜也山下有火取象文明火土分象與離爲飛伏（己卯木 丙辰土）世立元士六四諸侯在應陰柔居尊文柔當世素尚居高侯王無累易云

賁于丘園束帛戔戔建始辛卯至丙申春分立秋積筭起丙申至乙未周而復始金土入卦起筭五星從位起鎭星鎭星入卦昴宿從位降己卯昴宿配賁卦初九陽位起筭分氣候二十八起六位五行筭吉凶土火木分陰陽相應爲敵體上九積陽素尚全身遠害貫其正道起於潛至於用九假乾初上爲驗也陰陽升降通變隨時離入乾將之大畜次降六二中虛爲三連入太畜卦陰消陽長

䷙乾下艮上大畜陽長陰消積氣凝盛外止內健二

陰猶盛成于畜義易云旣處畜消時行陽未可進取於下卦全其健道君子以時順其吉凶與乾爲飛伏甲寅木丙午火建始壬辰至丁酉清明秋分積筭起丁酉至丙申周而復始金土入卦分吉凶起筭五星從位起太白太白金星入卦推吉凶畢宿從位降甲寅畢宿入大畜九二甲寅上九二大夫應世應六五爲至尊陰陽相應以柔居尊爲畜之主分氣候二十八極陰陽之數定吉凶之兆山下有乾金土相資陽進陰止積雨潤下畜道光也乾象內進君道

行也吉凶升降陰陽得位二氣相應陽上薄陰
陰道凝結上於陽長爲雨反下九居高位極於
畜道反陽爲陰入于兑象六三應上九上有陽
九反應六三成于損道次降損卦乾入兑九三之變六二
䷨兑下艮上損澤在山下甲險於山山高處上損澤
益山成高之義在於六三在臣之道奉君立誠
易云損下益上乾九三變六三陰柔益上九臣奉君之義與兑爲飛
伏丁丑土內申金三公居世宗廟六三上九建始癸巳至戊
戌小滿寒露積筭起戊戌至丁酉周而復始土火入官起積

筭五星從位起太陰（太陰水星入卦用事）觜宿從位降丁丑（二十八宿配觜宿入損卦六爻三起筭歲月日時）土星入卦配吉凶陰陽相盪位不居（土金入損卦起筭陰陽相生六位變動不居也）六爻有吉凶四時變更不可執一以爲規（六爻吉凶隨時更變）（或春或夏或秋或冬歲時運動）分氣候二十八（二十起數筭吉凶入卦）陰陽升降次艮入離見睽之象損益六爻剛長陰

次入火澤睽卦

䷥（兌下離上）睽火澤二象氣運（一作轉）非合陰消陽長取象何比惟陽是從陰陽動靜剛柔分焉先睽

後合其消㴠也文明上照幽暗分矣兌處下爲積陰暗之象也離在上爲明照于下易云見豕負塗載鬼一車先張之弧後說之弧遇雨則吉群疑亡也先疑暗也後說明也與離爲飛伏巳酉金丙戌土諸侯立九四爲世初元世爲應建始甲午至巳亥芒種小雪積筭起巳亥至戊戌水土入卦五星從位起歲星歲木星入卦參宿從位降巳酉二十八宿配參宿入卦巳酉土分氣候三十六起數積筭金火二運合土宮配吉凶於歲時六五陰柔處文明九二四得立權臣陰陽相盪六位逆遷變離入乾

健於外象坎入履陰陽推遷變化六爻吉凶之兆著于要之爻如臣事君近多憂也次降入天澤履卦

☰☱兌下乾上天下有澤曰履履者禮也得位吉失位凶當履之時素尚吉易云視履考祥其旋元吉與乾為飛伏壬申金丙子水六丙屬八卦艮六丙也九五得位為世身九二大夫合應象建始乙未至庚子大暑大雪積筭起庚子至乙亥金水入卦配六位筭吉凶五星從位起熒惑熒惑火星入卦井宿從位降壬申二十八宿入卦井宿入壬申分氣候金火入卦起於極數二十八二十八數起陽丙辰推吉凶

多陰少宗少爲貴得其所履則貴失其所履則賤易云眇能視跛能履（此履非其位六三也）吉凶取此文爲準六位推遷積欠起筭數休王相破資益可定吉凶也升降反位歸復止於六四入陰爲游魂中孚卦（次入中孚卦）

䷼（兌下巽上）中孚陰陽變動六位周匝反及游魂之卦（金木合土運入卦象）互體見艮止於信義（中孚信也）與乾爲飛伏（辛未土壬午火）艮道革變升降各稟正性六四諸侯立世應初九元士九五履信九二反應氣候

相合內外相敵（陰勝陽陽勝陰剛柔相薄六爻交應柔順相合吉凶見矣）建始庚子至乙巳（大雪小滿）積筭起乙巳至甲辰周而復始（火土入卦起積筭）五星從位起鎮星（鎮星土星）鬼宿從位降辛未（二十八宿配鬼宿入卦推吉凶）分氣候三十六（配卦筭吉凶之位）風與澤二氣相合巽而說信及於物物亦（一作必）順焉易云信及豚魚（豚魚幽微之物信尚及之何況於人乎）兌入艮六三入陽內二陽歸陰陰陽交互復本曰歸魂次降歸魂風山漸卦（內見艮）

䷴（艮下巽上）漸陰陽升降復本曰歸魂之象巽下見

艮陰長陽消柔道將進艮變八卦終於漸漸終降純陰入坤分長女三陰之兆也柔道行也與兌爲飛伏丙申金丁丑上九三三公居世宗廟爲應建始己亥至甲辰小雪清明積筭起甲辰至癸卯周而復始上木見運入卦筭吉凶五星從位起太白太白西方之卦定吉凶柳宿從位降丙申二十八宿柳宿入卦定吉凶分氣候二十八定數配吉凶入卦起筭上木下土風入艮象漸退之象也互體見離主中文明九五傳位得進道明也九五處互體卦之上進文明也六二陰柔得位應至尊易云鴻漸干磐飲食衎衎賢人進位也陰陽

升降八卦將盡六十八爻陰陽相雜順道進退次干時也少男之位分於八卦終極陽道也陽極則陰生柔道進也降入坤宮八卦陽卦三十二宮爲陽乾震坎艮也

京氏易傳卷上

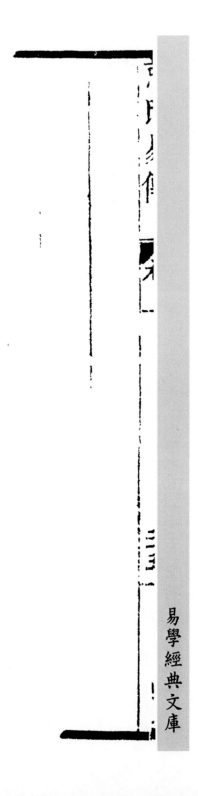

京氏易傳卷中

吳鬱林太守陸績註
明兵部侍郎范欽訂

䷁ 坤下坤上 坤純陰用事象配地屬土柔道光也陰凝感與乾相納臣奉君也易云黃裳元吉六二内卦陰處中臣道正也與乾為飛伏癸酉金壬戌土宗廟居世三公為應未免龍戰之灾無成有終陰成陽君臣不敢為物之始陽唱陰和君命臣終其事也初六起履霜至於堅氷陰雖柔順氣亦堅剛為無邪氣也建始甲午

至巳亥芒種小滿積筭起巳亥至戌戌周而復始純土用事入積筭定吉凶五星從位起太陰太陰水星入卦西南方之卦鎮星入卦配坤西南星宿從位降癸酉金二十八宿入八卦星宿降坤上六癸酉金分氣候三十六起積爲數二十六陰中有陽氣積萬象故曰陰中陰陰陽二氣天地相接人事吉凶見乎其象六位適變八卦分焉六位變動八卦顯著陰雖虛納于陽位稱實六五六三之類也升降反復不能久處千變萬化故稱乎易易者變也陰極則陽來陰消則陽長衰則退盛則戰易云上六龍

戰于野其血玄黃陽屬乾配西北積陰之地陰盛故戰乾坤併處天地之氣雜稱玄黃也陽盪陰坤內卦初六適變入陽曰震陰盛陽微漸來之義故稱復次降陽入地雷復卦

䷗震下坤上復陰極則反陽道行一作正也易云君子道長小人道消又曰七日來復七日陽之稱也七九稱陽之數也謂坤上六陰極陽戰之地陰雖不能勝陽然正當盛陽不可輕犯六陽涉六陰反下七爻在初故稱七日日亦陽也六爻反復之稱詁在前易云初九不遠復无祗悔反至初九陽來陰復去違也六爻盛卦之體總

稱也月一陽爲一卦之主與震爲飛伏庚子水乙未土初九元士之世六四諸侯見應建始乙未至庚子大暑大雪見候起坤六月至十一月戊子爲正朔見復之兆積筭起庚子至巳亥積筭起庚子至巳亥十月至十一月年亦然周而復始土水見候五星從位起歲星歲星木星入復卦合水土配吉凶張宿從位降庚子二十八宿分張宿入復卦庚子水上分氣候二十八積筭起數二十八定吉凶六爻坤上震下動而順是陽來盪陰陰柔反去剛陽復位君子進小人退易云休復元吉陽升陰降變六二入兌象次併臨二陽將

進内爲悦陰去陽來氣漸隆（陰不敢拒陽火之奉命而已）

入地澤臨卦

䷒（兌下坤上）臨陽長陰消悦而順金土應候剛柔分震入兌二陽剛本體陰柔降入臨臨者天也陽爻健順陽交退散易曰君子之道易云至于八月凶（建丑至未也）陽長六爻反復吉凶之道可見矣（至于八月入遯）與兌爲飛伏（丁卯木乙巳火）九二大夫立世六五至尊應上位建始丙申至辛丑（立秋大寒）七月積氣至六月吉凶隨爻考汙隆（壯則隆衰則汙）積筭起辛

丑至庚子積筭起金土入卦推休咎于六爻五星從位起熒惑

熒惑火星入卦用事翼宿從位在丁卯二十八宿翼宿入卦九二爻木上

分氣候三十六定陰陽之數起于三十六積筭坤下見兌悅澤

臨陽升陰降入三陽乾象入坤即泰卦臨卦內象先陽

長逼陰成乾爲泰象外坤積陰內兌亦爲陰二陽合體柔

順之道不可貞吉凶以時配於六位用於陽長

之爻成臨之義六三將變陽爻至次降入泰卦

次入地天泰卦

䷊乾下坤上泰乾坤二象合爲一運天入地交泰萬

物生焉小往大來陽長陰危金土二氣交合易云泰者通也通於天地長於品彚陽氣内進陰氣升降升降之道成於泰象與乾爲飛伏甲辰土乙卯木三公立九三爲世上六宗廟爲應候建始丁酉至壬寅秋分立春積筭起壬寅至辛丑周而復始金土位上起積筭吉凶五星從位起鎮星土星入卦軫宿從位降甲辰分氣候二十八積筭起二十八數於甲辰位地下有天陽道浸長不可極極則否成三陽務上坤順而往往而不已否道至存泰之義在於六五陰居陽位能順於陽

陰陽相納二氣相感終於泰道外卦純陰陽來
剛柔成于震象降陽升居乾上成大壯次降陰升陽入
雷天大壯卦、
☰☳乾下震上大壯內外二象動而健陽勝陰而爲壯
內陽升降二象俱陽曰大壯易曰羝羊觸藩羸其角進退難
也壯不可極極則敗物不可極極則反故曰君
子用罔小人用壯與震爲飛伏庚午火癸丑土九四諸
侯之世初九元士在應建始戊戌至癸卯寒露至春
分積筭起癸卯至壬寅土木入卦起積筭五星從位起

太白太白金星入卦角宿從位降庚午二十八宿入卦配角宿入大壯庚午九四爻上分氣候三十六積筭起數庚午火定吉凶雷在天上健而動陽升陰降陽來盪陰吉凶隨爻著于四時九四庚午火之位入坤爲卦之本起于子滅于寅陰陽進退六位不居周流六虛外象震入兌爲陰悅適爻爲剛長次降入夬陽決陰之象入澤天夬卦

䷪乾下兌上夬剛決柔陰道滅五陽務下一陰危上將反游魂九四悔也澤上於天君道行也夬五世六

位周而復始爲游魂至九四成陰入坎爲需與兌爲飛伏丁酉金癸亥水九五立世九二大夫爲應九五在兌象爲世澤小於天也建始巳亥至甲辰小雪清明積筭起甲辰至癸卯周而復始金木分乾兌入坤象入坤宮起積筭五星從位起太陰太陰水位入卦起筭亢宿從位降丁酉二十八宿配亢宿入夬卦丁酉金上起分氣候二十八積筭起宮二十八入卦甲辰還丁酉金上定吉凶易云澤上於天夬揚于王庭柔道消消不可極反於游魂九四柔來文剛陰道存也陰之道不可終否剛柔相濟日月明矣天地定位人事通也

凡卦陰極陽生，陽極陰生，陰陽相盪，六世交分萬物之義，不絕之貌。

日月循環，天地交泰，陰陽相盪，六世交分萬物。

矣。人禀五常，三焦九竅，風火遞相兼濟，以一位蔚四體羸焉。

故曰雷動風行，山澤通氣，人之運動體斯合

陰陽升降反復

道也。次降入游魂水天需卦

☰☵（乾下坎上）

需者待也。三陽務上於天，凝於陰而待於陽，故曰需

需者待也。三陽務上而隔於六四，路之險也。卦外

坎水為險，亦坤之反覆適陽入陰，陰稱血也

陰陽交會，運動陰雨，積而凝滯於陽，通乃

陽之位也

位也

陽之群陽務上，一陰報合，與兌為飛伏丁亥水游

合也之故凝滯雨乃合

火卦九四入
需卦成六四

戊申金
丁亥水

京氏易傳（《四部叢刊》景印天一閣刊本）

魂立世諸侯應初九元士建始甲辰至巳酉清明秋分積筭起巳酉至戊申周而復始金土入乾坎積筭起宮定吉凶五星從位起歲星歲星木星入卦氐宿從位降戊申二十八宿降氐宿入坤宮游魂卦六四戊申金土起積筭吉凶分氣候三十六定吉凶總三十六位起筭乾外見坎健而進隘在前也需與飲食爭於坎也陰陽相激勝負有倚反爲不速敬終有慶陰陽漸消陽道行反復其位不妄於陰坎降入歸魂水地比卦坤之歸魂也

䷇坤下坎上比反本復位陰陽相定六爻交互一氣在也水在地上九五居尊萬民服也比卦一陽五陰少者爲貴衆之所尊者也比親於物物亦附焉原筮於宗歸之於衆諸侯列土君上崇之奉于宗祧盟契無差邦必昌矣與乾爲飛伏乙卯木甲辰土歸魂六之三公居世應上六宗廟建始癸卯至戊申春分立秋積筭起熒惑火星入卦房宿從位降乙卯二十八宿配房宿入坤歸魂乙卯木位上分氣候二十八積筭起二十八數陰道將復以陽爲主一陽居尊羣陰宗之六爻交分吉凶定矣

地道之義妻道同也臣之附君比道成也歸魂復本陰陽相成萬物生也故曰坤生三女巽離兌分長中下 巽長女離中女兌少女 以陽求陰乾之巽為長女

☴ 巽下巽上 巽陽中積陰而巽順 本乾象陰來盪成巽巽者順也 風從穴入於物號令齊順天地明也內外稟於一陰順於天地道也聲聞於外遠彰柔順陰陽升降柔於剛也本於堅剛陰來又柔東南向明齊肅陰陽與震為飛伏 辛卯木庚戌土 宗廟居世三公在

應上九九三建始辛丑至丙午大寒芒種積算起丙午至乙巳周而復始火木與二十八宿分虛宿入巽上九辛卯木土分氣候其數三十六分三十六數入卦起算陰氣起陽陽順於陰陰陽和柔升降得位剛柔分也陰不可盈晷刻傾也初六適變陽來陰退健道行也三陽務進外陰陽也適變於內外未從也次降陰交於陽九爲小畜卦初六變初九也

䷈乾下巽上小畜易云密雲不雨自我西郊小畜之義在於六四三陽連進於一危也外巽體陰畜

道行也巽之初六陰盪陽氣感積陰不能固退
復本位三連同往而不可見成於畜義外象明
矣（一陰劣不能固陽是以往也外巽積陰能固陽道成在上九一爻之法也）易云既
雨既處也與乾為飛伏（甲子水辛丑土）初九元士居世
六四諸侯在應建始壬寅至丁未（立春大暑）積筭起
丁未至丙午周而復始木土入乾巽（入宮起筭法）五
星從位起太白（金星入卦起筭吉凶）尾宿從位降甲子（二十
八宿入卦分尾宿以小畜甲子水上起筭）分氣候其數二十八（分二十八
數起宮推筭）一陰居六四建子入陽宮推其休咎處

吉凶剛健立陽爻陰凝在巽體易云輿說輹夫妻反目不義之兆夏至起純陰陽爻位伏藏冬至陽爻動陰氣凝地陰陽升降以柔爲剛見中虛文明積氣居內象九二適變入離次降入風火家人卦

䷤離下巽上家人乾剛俱變文明內外相應九五應六二爻陰陽得位居中履正火上見風家人之象閑邪存誠嗃嗃得中互體見文明家道明也內平遇坎險象家人難也酌中之義在於六二與離爲飛伏己丑土辛亥木建始癸卯至戊申春分立秋積筭起戊

申至丁未金土入離巽金土入卦同積筭大夫居世應九五立君位五星從位起太陰太陰北方入卦起宫推筭箕宿從位降巳丑二十八宿分箕宿入家人卦在巳丑土上分氣候其數三十六三十六起數家人卦推入積筭休咎火木分形陰陽得位內外相資二氣相合君君臣臣父父子子兄兄弟弟易曰家人嗃嗃父子嘻嘻治家之道分於此也吉凶之義配五行進退六五進退吉凶於陰陽陰陽得起在於四時運動吉凶見矣分內外矣二象配天地星辰合命定吉凶文明運動變化之象九三適陰入震風為雷合曰益次降

風雷益卦

☳☴震下巽上益天地不交曰否六二陰上柔剛九四下降積陰故為益易曰損上益下雷動風行男下女上震男巽女陽益陰君益於民之仰也互見坤坤道柔順又外見艮艮止陽益陰止於陽柔道行也內外順動風雷益四象分明剛柔定矣與震為飛伏庚辰土辛酉金六三三公居世上九宗廟為應建始甲辰至巳酉清明秋分積筭起巳酉至戌申周而復始土金入震巽起積酉風雷益卦起宮五星從位起歲星木星入卦計宿

從位降庚辰二十八宿分計宿入風 雷益六二庚辰上上 分氣候二十八 起二十八數積筭 吉凶周而復始 陰陽二木合金土配象四時運轉六位交分休廢旺生吉凶見乎動爻配日月星辰進退運氣升降復當何位 金水木 火土 適變於外陰入陽爻二象健而動屬於天地也 天陽震雷亦陽也二氣 相激動而健天行也 陰陽相盪次降入天雷无妄卦

䷘ 震下 乾上 无妄乾剛震動二氣運轉天下見雷行正之道剛正陽長物无妄矣內互見艮止於純

陽外互見巽順於陽道天行健而動剛正於物

物則順也金木配象吉凶明矣金木配乾震入卦與乾

爲飛伏壬午火辛未土九四諸侯在世初九元士立應

上建始乙巳至庚戌小滿寒露積筭起庚戌至己酉

周而復始火土入乾震火土分乾震入无妄卦起積筭五星從

位起熒惑火星入卦定吉凶牛宿從位降壬午二十八宿分牛宿入无妄壬午火位上分氣候三十六三十六數起卦積筭上金下

木二象相衝陰陽升降健而動內見一陽應動

剛五行分配吉凶半矣二氣各爭九五適變入文象

陰盪陽爻歸復位剛柔履次明在外進退吉凶見中虛次降入火雷噬嗑卦

䷔ 震下離上 噬嗑柔乘文剛積氣居中陰道明白動見文明雷電合分威光而噬嗑也易曰頤中有物曰噬嗑陰陽分中動而明（象雷電也）物有不齊齧而噬吉凶之道象於五行順則吉逆則凶火木合卦配升降與離爲飛伏（己未火 辛巳土）六五居尊應六二大夫建始丙午至辛亥（芒種 小雪）積筭起辛亥至庚戌周而復始火土入離震（分火土二位入噬嗑卦起積筭）

爻推配星辰歲月日時進退吉凶五星從位起鎮星土星入卦女宿從位降巳未土二十八宿分女宿入卦六五巳未土也分氣候二十八從二十八位數起八卦筭吉凶火居水上陽中見陰陽雜氣渾而淪吉凶適變隨時見也返復陰游魂入卦降下九四陽入陰五行進退始終之道斯可驗矣升降六爻極返終下降山雷頤卦

䷚震下艮上頤六位上下周而復始內外交互降入純陰見坤象居中地之氣萃在其中上下陽位包陰積純和之氣見浩然之道明矣土木配象吉凶從六虛

六虛即六爻也與震爲飛伏丙戌土己酉金六四諸侯在世元士之初九見應建始辛亥至丙辰小雪清明積筭起丙辰至乙卯周而復始土木入艮震分土木二象入卦筭吉凶五星從位起太白金星西方入八月卦上衡虛宿從位降丙戌土二十八宿分虛宿入順六四丙戌土上分氣候三十六起數二十八推六爻吉凶之位山下有雷止而動陰陽通變分氣候內外剛而積中柔升降游魂下居六四位特分復歸於本游魂返居六四入卦周始爻位遷次明矣吉凶起於六四次環六位星宿躔次也極則反本降入歸魂

山風蠱卦

☶巽下艮上 蠱適六爻陰陽上下本道存也氣運周而復始山下見風止而順內互悅而動易云蠱者事也先甲後甲事分而令行金土合木象復本曰歸魂與震為飛伏辛酉金庚辰土九三歸魂立三公在世應上九見宗廟建始庚戌至乙卯寒露春分積筭起乙卯至庚寅周而復始土木入艮巽土木分艮巽宮五星從位起太陰太陰水星入卦用危宿從位降辛酉金二十八宿危宿入巽歸魂山風蠱九三辛酉金位上分氣候二十

八（起積筭數二十八卦宮定吉凶）木上見土風落山貞幹於父事陰陽復位長幼分焉八卦循環始於巽歸魂內象見還元六爻進退吉凶在於四時積筭起宮從乎建始（卦用身也）及升陰陽巽宮適變入離文柔分矣陰入陽退見中虛次水中女八卦相盪陰陽定位遷入離宮八卦純火以日用事

☲☲（離下離上）離本於純陽陰氣貫中稟於剛健見乎文明故易曰君子以繼明照于四方（離卦中虛始于乾象純則健不能柔明故以比陰氣貫中柔剛而文明也）方陽爲陰主陽伏於

陰也成卦義在六五是以體離爲日爲火始於陽象而假以陰氣純用剛健不能明照故以陰氣入陽柔於剛健而能順柔中虛見火象也是以離取中虛氣炎方能照物日昌火本陽象也純以陰又不能乾於物純以陽又暴於物故取陰柔於中女能成於物也與坎爲飛伏巳巳火戊子土宗廟爲世應上見三公上九九三建始戊申至癸丑立秋大寒至積算起癸丑至壬子火取胎月至本月周而復始土水二象入離火位土水二位入卦起算五星從位起歲星木星入火宮卦室宿從位降巳巳火二十八宿分室宿入離宮上九巳火上也分氣候三十

六積筭起數三十六立位定吉凶內外二象配於火土爲祥土木入離爲祥互見悅順著於明兩兌巽二象陰陽升降入初九適變從陰止於艮象內卦變也吉凶從位起至六五休廢在何爻看當何位金水木火土與本宮刑宮次降入火山旅卦初九爻變之

☲☶ 艮下離上 旅陰中見陽盪入陽中陰陽二氣交互見本象火居山上爲旅之義離爲陰初九爲陽艮爲陽初六爲陰二氣交互上下見本也火在上無止象旅之義易曰旅人先笑後號咷又曰得其資斧仲尼爲旅人固可知矣旅卦爲取象火

在山上顯露無止五行八卦消息去此還也與艮爲飛伏丙辰土己卯木其居初六元士九四諸侯見應建始巳酉至甲寅秋分立春積算起甲寅至癸丑周而復始金入木上離艮金木土入卦起積算五星從位起熒惑火星入卦見本象壁宿從位降丙辰二十八宿壁宿入旅卦初六丙辰土位上起算分氣候三十六分三十六數起卦推算火土同宮二氣合應陰陽相對吉凶分乎陰位上九陽居宗廟得喪于易六五爲卦之主不係于一凶其宜也內象適變盪陰入陽巽順於物進退意器外象明應內爲

鼎次降火從風入鼎初九之初六六二之九二巽爲風二象火曰鼎

䷱巽下離上鼎木能巽火故鼎之象亨飪見新供祭

明矣易曰鼎取新木見火中發火木相資象鼎之兆下穴爲足中虛見納飪

熟之義明矣凡飪熟享祀爲先故曰供祭明矣變生也陰陽得應居中履

順三公之義繼於君也九三成鼎之德六五委任得賢臣假之位以斯

明也陰穴見火順於上也中虛見納受辛於內也

金玉之鉉在乎陽饗新亨飪在乎陰與巽爲飛

伏辛亥水己丑土九二立大夫爲世六五居尊見應建

始庚戌至乙卯寒露春分積筭起乙卯至甲寅周而

復始分土木入離巽分土木二象入爲巽配鼎卦五星從位

起鎮星土星入火宮奎宿從位降辛亥水二十八宿分奎宿入

鼎卦九二辛亥位上分氣候三十六起宮數三十六宮配卦筭吉凶火居

木上二氣交合陰陽巽順器具形存金玉堅剛

配象陰陽升降六位遞相遷次九三適變以陽

入陰見乎坎險鼎九三爻之義陰成坎卦外象坎外離二氣不交見未濟卦

降入水火未濟卦

䷿坎下離上未濟陰陽二位各復本體六爻交互異

於正象離炎上坎務下二象不合各殊陰陽交納是以異於本象也故取未

濟名之世應得位陰陽殊塗九二六五性命不交吉凶列矣坎性離命與坎爲飛伏戊午火己亥水六三三公爲世應宗廟上九建始辛亥至丙辰小雪清明積筭起丙辰至丁卯水土二象入離坎分水土入卦五星從位起太白金星入離宮卦分六爻妻宿從位降戊午火二十八宿分妻宿入未濟六二戊午火位土定吉凶入積筭分氣候二十八積筭二十入數至吉凶處水火二象坎離相納受性本異立位見隔睽于上下吉凶生也子午之位受刑見害氣不合也陰陽升降入於外卦適離爲艮上著於象艮上

著離也天地盈虛與時消息其大也次降入山水

蒙卦

䷃坎下艮上蒙積陽居陰止於坎陷養純正素居中得位易云山下出泉蒙二象標正天下通也擊暗釋疑陽道行也內實外正暗得明陰附於陽稚道亨也故曰蒙養正與艮爲飛伏丙戌土乙酉金諸侯立世元士爲應六四初六建始壬子至丁巳大雪小滿積筭起丁巳至丙辰周而復始火土入艮坎火土二象入卦同筭五星從位起太陰水星北方入宮起筭胃宿從位

降丙戌土二十八宿分胃宿入蒙卦六四丙戌土上分氣候三十六起數二十八從六位推筭山下見水畜聚居中分流萬派六位不居吉凶適變水土分也五行入卦筭吉凶遂四時行因廢王吉則王凶則廢陰陽進退歲時物也六五陽中積陰入巽見陰中陽二氣相盪不可盈望次降入風水渙卦大五變入九五陽中陰入陽中陽適變往于他宮位不出本宮

䷺坎下巽上渙水上見木渙然而合渙者散也內外健而順納實居中正互見動而上虛舟行也陰陽二象資而益也風行水上處險非溺也木浮于水也九五履

正思順非偪也與巽爲飛伏（辛巳火 己未土）九五居尊大夫應（九二爻也）建始癸丑至戊午（大寒 芒種）積筭起戊午至丁巳周而復始火土入坎巽（火土二象入坎巽配火宮）

（渙卦起筭）五星從位起歲星（木星入火宮木象）昴宿從位降辛巳火（二十八宿分昴宿入渙九五辛巳火位上）分氣候其數二十八（起筭從二十八位上推六爻吉凶歲月日時爲候）內卦坎中滿一陽居中積實于內風在外行虛聲外順吉凶之位攷乎四序盛衰之道在乎機要陰陽死于位生于時死于時生于位進退不可詰正盛則衰來

正衰則盛來易曰積善之家必有餘慶積不善之家必有餘殃八卦始終六虛反復游魂生巽入乾爲天水訟卦

☰☵ 坎下乾上 訟生生不絕之謂道六位不居返爲游魂離宮八卦以訟爲反四五至四也天與水違曰訟天道西行水東流其路背也外象乾西北方之卦內坎水正北方之卦其流東也二氣不交曰訟五行所占六位定吉凶非所背順爲正金與水二氣相資父子之謂健與險內外相激家國之義出象故以則斯可驗矣與巽爲飛伏壬午火辛

未土諸侯居世元士見應九四初六建始戊午至癸亥

芒種小雪積筭起癸亥至壬戌周而復始火水入卦

火水二象入離宮配六位積筭推日月歲時五星從位起熒惑火星入火

宮同起積筭畢宿從位降壬午火二十八宿分畢宿東方宿入離游魂

天水訟卦九四壬午火土也分氣候三十六起宮從三十六位筭吉凶天

下見水陰陽相背二氣不交物何由生吉凶宗

於上九進退見於九四二居中履正得其宜也

陰陽升降復歸內象陰去陽來復本位內見離同人次降天火

同人卦次本陽上下二爻陰適變從離也

☲☰（離下乾上）同人二氣同進健而炎上（乾務上坎務下）同途異致性則合也易曰出門同人又誰咎也九二得位居中六二積隂待應易曰先號咷而後笑（陽於陽位不能決勝先故曰號咷後獲合方喜也故曰後笑也）八卦復位六爻遷次周而復始上下不停生生之義易道祖也天與火明而健陽道正隂氣和也（六二居內卦中能奉於陽）吉凶故象五行昭然（金木水火土配六位相生）與坎為飛伏（己亥木戊午火）歸魂立三公為世上九宗廟為應候建始丁巳至壬戌（小滿寒露）積筭起壬戌至辛酉周而

復始火土入乾離（火土二象入乾離配六宮起積筭）五星從位

起鎮星（土星入卦定其吉凶）觜宿從位降巳亥水（二十八宿分觜宿入離歸䰟配天火同人九三巳亥水上）分氣候二十八（起積筭二十八位數）

（巡六爻有吉凶入何位）火上見金二氣雖同五行相悖六爻定位吉凶之兆在乎五二得時則順失時則逆陰陽升降歲月分焉爻象相盪內外適變八卦巡廻歸䰟復本本靜則象生故適離爲兌入少女分八卦於兌象（坎入兌宮八卦）

䷹（兌下兌上）兌積陰爲澤純金用體畜水凝霜陰道

同也上六陰生與艮爲合（兌下六陰凝艮上於陽健納兌爲妻二氣合）土木入兌水火應之二陰合體積于西郊（秋王）衝震入乾氣類陰也配象爲羊物類同也與艮爲飛伏（丁未土丙寅木）上六宗廟在世六三三公爲應建始乙卯至庚申（春分立秋）積筭起庚申至己未周而復始金土入兌宮（金土入兌宮起積筭）五星從位起太白（太白金星入卦）參宿從位降丁未土（二十八宿分參宿入兌上六丁未土上）分氣候三十六（起宮筭從三十六數起定吉凶）內卦互體見離巽配火木入金宮分貴賤於強弱（火強木弱）吉

凶隨爻筭歲月運氣逐休王陰陽升降變初九入初六陽入陰爲坎象正體見陽位剛柔分吉凶見也適變內象入坎爲困卦兌內卦初九變入坎

䷮ 坎下兌上困澤入坎險水不通困外稟內剛陰道長也陰陽不順吉凶生也易云困于石據于蒺藜入于其宮不見其妻凶上下不應陰陽不交二氣不合困卦上下無應陰陽不交六三陰上六亦陰無匹入九五求陽陽亦無納也五行配六位生悔吝四時休王金木交爭萬物之情在乎幾微與坎爲飛伏戊寅木丁巳火初六元

土爲世九四諸侯在應建始丙辰至辛酉清明秋分
積筭起辛酉至庚申周而復始土金入坎兌分土
金入坎兌配金宮起筭五星從位起太陰水宿入兌卦起筭井宿
從位起太陰降戊寅二十八宿分井宿入困卦初六戊寅木分氣
候其數二十八二十八起宮入積筭定吉凶坎象互見離火
入兌金水見運配吉凶陰陽升降坎入坤陰氣
凝盛降入萃變通入萃卦

䷬坤下兌上萃金火分氣候土木入兌宮升降陰氣
盛剛柔相應合九五定羣陰二氣悅而順萃卦丁酉

金乙巳火二象刑而合也澤上於地積陰成萃易曰萃者聚
吉凶生陽氣合而悦兑聚衆必愼防閑假陽爲主成萃之義伏戎必豫備
衆聚疑心去與坤爲飛伏乙巳火丁卯木六二大夫居世九
五至尊見應建始戊寅至癸未立春大暑積筭起癸
未至壬午周而復始土木入坤兑分土木入兑宮起筭五
星從位起熒惑火星入金水宮推吉凶也翼宿從位降乙巳
二十八宿分翼宿入萃六二位上分氣候二十八積筭起二十入數六爻見
吉凶澤下見坤二氣順木土入宮有愛惡木惡土愛也
陰陽升降陽氣來止於坤象互見艮艮爲陽兑象

納艮陰氣強男下女次降澤山咸卦

䷞艮下兌上咸山下有澤虛已畜物陽中積陰感於物也陽下於陰男女之道內外相應感類於象也六二待聘九五見召二氣交感夫婦之道體斯合也易曰咸感也利取女吉艮少男兌少女男下於女取婦之象與艮爲飛伏丙申金丁丑土九三三公居世上六宗廟爲應建始戊午至癸亥芒種小雪積筭起癸亥至壬戌周而復始火土入艮兌分火土象入艮兌也五星從位起熒惑火星南方入金宮栁宿從位降丙申二十八宿分栁

宿入咸九三丙申金爻上分氣候三十六積筭起數分三十六位起吉凶土上見金母子氣合陰陽相應剛柔定位吉凶隨爻受氣出則吉刑則凶陰陽等降入外險止於內象爲山水蹇卦九四爻之入陰中剛

䷦艮下坎上蹇利於西南民道通也水在山上蹇險難進陰陽二氣否也陰待於陽柔道牽也險而逆止陽固陰長處能竭至誠於物爲合蹇道亨也易曰王臣蹇蹇匪躬之故六二與坎爲飛伏戊申金丁亥水六四諸侯居世初六元士在應建始己未

至甲子大暑大寒積筭起甲子至癸亥周而復始土水入坎艮水土二象入艮配金宮起筭五星從位起鎭星土星入金宮星宿從位降戊申二十八宿分星宿入蹇六四戊申金上分氣候其數三十六積筭起數三十六從六位五行土上見水柔而和此五行相推二氣合取象則陰陽相背也九五適變入坤宮比得朋陰氣合也外卦九五變入坤內見艮故曰得朋也將入謙卦取象坎降入地山謙

䷎艮下坤上謙六位謙順四象無凶一陽居內卦之上爲謙之主易曰謙謙君子利涉大川陰陽不

爭處位謙剥陰中見陽止順於謙有無之位上下皆通易曰撝謙無不順也與坤爲飛伏癸亥水丁酉金六位居世大夫在應建始庚申至乙丑立秋大寒積筭起乙丑至甲子周而復始金土入坤艮金土二象入兑宮起筭也五星從位起太白太白金星入兑宮卦張宿從位降癸亥二十八宿分張宿入謙六五癸亥水上分氣候二十八積筭起數二十八位坤在艮上順而止五行入位象謙剥吉凶隨爻適變陰陽升降至六五位返入游魂變歸六四盪六四一爻入陽也八卦相離四象分也次降入雷山

小過卦

☳☶ 艮下震上 小過六四適變血脉通也陽入陰陰入陽二氣降内外象上下返應二剛相適九三九四土木入卦分於二象內艮外震雷處高山亢之極也內柔無正性危及於外易曰飛鳥遺之音不宜上宜下與坤為飛伏庚午火癸丑土反歸九四諸侯立世元士見應建始乙丑至庚午大寒芒種積筭起庚午至巳巳周而復始土火入震艮外土火二象入兌宮五星從位起太陰水星入卦游魂翼宿從位降庚午二十八宿分翼

宿入兌宮游䰟小過卦九四庚午火上分氣候三十六積筭三十六數六位吉凶木下見土二陽畜陰六位相刑吉位生也上升下陰陽反應各私其黨六爻適變陰道悖也升降進退其道同也之艮入兌陰納與陽也反復其位次降入歸魂雷澤歸妹卦

䷵兌下震上歸妹陰復於本悅動於外二氣不交故曰歸妹歸者嫁也互見離坎同於未濟適陽從陰剛從外至九四至剛六三悅柔返無其應凶並爭涉卦之終長何吉也與艮爲飛伏丁丑土丙申金三公

歸魂之世上六宗廟見應建始甲子至己巳大雪小滿積筭起己巳至戊辰周而復始水土入震兌分水土二象入兌宮五星從位起歲星木星東方入兌宮歸魂軫宿從位降丁丑土二十八宿分軫宿入兌歸魂六二丁丑土上分吉凶起筭分氣候三十八積筭起三十八數六位推五行數吉凶雷居澤上剛氣亢盛陰陽不合進退危也震長男兌少女少女四長男氣非合也吉凶在上六處於動極適變位定時不可易之道也五行考象非合斯義陰陽運動適當何爻或陰或陽或柔或剛升降六位非取一也兌歸

蒐配六十四
卦之終也

京氏易傳卷中

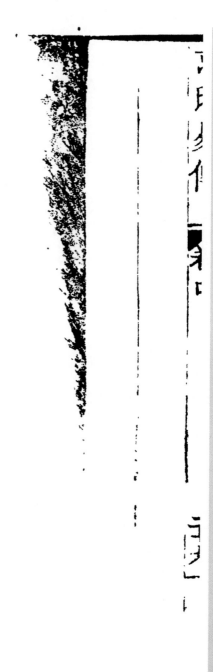

京氏易傳卷下

吳鬱林太守陸績註
明兵部侍郎范欽訂

夫易者象也爻者效也聖人所以仰觀俯察象天地日月星辰草木萬物順之則和逆之則亂夫細不可窮深不可極故揲蓍布爻用之於下筮分六十四卦配三百六十四爻序一萬一千五百二十策定天地萬物之情狀故吉凶之氣順六爻上下次之八九六七之數内外承乘之

象故曰兼三才而兩之孔子曰陽三陰四位之正也三者東方之數東方日之所出又圓者徑一而開三也四者西方之數西方日之所入又方者徑一而取四也言日月終天之道故易卦六十四分上下象陰陽也奇耦之數取之於乾坤乾坤者陰陽之根本坎離者陰陽之性命分四營而成易十有八變而成卦卦象定吉凶明得失降五行分四象順則吉逆則凶故曰吉凶悔吝生乎動又曰明得失於四序言吉凶生乎動五行休廢

內犯胎養合五行運機布度其氣轉易主者亦當則天而行與時消息安而不忘亡將以順性命之理極著龜之源重三成六能事畢矣分天地乾坤之象益之以甲乙壬癸乾坤二分天地陰陽之木故分甲乙壬癸陰陽之終始震巽之象配庚辛庚陽入震辛陰入巽坎離之象配戊己戊陽入坎己陰入離艮兌之象配丙丁丙陽入艮丁陰入兌八卦分陰陽六位五行光明四通變易立節天地若不變易不能通氣五行迭終四時更廢變動不居周流六虛上下無常剛柔相易不可以爲

典要惟變所適吉凶共列干位進退明乎機要
易之變化六爻不可據以隨時所占周禮太卜
一曰連山二曰歸藏三曰周易初爲陽二爲陰
三爲陽四爲陰五爲陽六爲陰一三五七九陽
之數二四六八十陰之數陰主賤陽主貴陰從午陽從
子子午分行子左行午右行左右凶吉吉凶之
道子午分時立春正月節在寅坎卦初六立秋
同用雨水正月中在丑巽卦初六處暑同用驚
蟄二月節在子震卦初九白露同用春分二月

中在亥兌卦九四春秋分同用清明三月節在
戌艮卦六四寒露同用穀雨三月中在酉離卦
九四霜降同用立夏四月節在申坎卦六四立
冬同用小滿四月中在未巽卦六四小雪同用
芒種五月節在午乾宮九四大雪同用夏至五
月中在巳兌宮初九冬至同用小暑六月節在
辰艮宮初六小寒同用大暑六月中在卯離宮
初九大寒同用孔子易云有四易一世二世爲
地易三世四世爲人易五世六世爲天易游魂

歸魂爲鬼易八卦鬼爲繫爻財爲制爻天地爲義爻天地即父母也福德爲寶爻福德即子孫也同氣爲專爻兄弟爻也龍德十一月在子在坎卦左行虎刑五月午在離卦右行甲乙庚辛天官申酉地官丙丁壬癸天官亥子地官戊巳甲乙天官寅卯地官壬癸戊巳天官辰戌地官靜爲悔發爲貞貞爲本悔爲末初爻上二爻中三爻下三月之數以成一月初爻三日二爻三日三爻三日名九日餘有一日名曰閏餘初爻十日爲上旬二爻十

日爲中旬三爻十日爲下旬三旬三十積旬成月積月成年八八六十四卦分六十四卦配三百八十四爻成萬一千五百二十策定氣候二十四考五行於運命人事天道日月星辰局於指掌吉凶見乎其位繫乎吉凶悔吝生乎動寅中有生火亥中有生木巳中有生金亦云上生之位申中有生水丑中有死金戌中有死火未中有死木辰中有死水土兼於中建子陽生建午陰生二氣相衝吉凶明矣積筭隨卦起宫乾坤震巽

坎離艮兌八卦相盪二氣陽入陰陰入陽二氣交互不停故曰生生之謂易天地之內無不通也乾起巳坤起亥震起午巽起辰坎起子離起丑艮起寅兌起[redacted]於六十四卦遇王則吉廢則凶衝則破刑則敗死則危生則榮攷其義理其可通乎分三十爲中六十爲上三十爲下總一百二十通陰陽之數也新新不停生生相續故淡泊不失其所確然示人陰陽運行一寒一暑五行互用一吉一凶以通神明之德以類萬

物之情故易所以斷天下之理定之以人倫而明王道八卦建五氣立五常法象乾坤順於陰陽以正君臣父子之義故易曰元亨利貞夫作易所以垂教教之所被本被於有無且易者包備有無有吉則有凶有凶則有吉生吉凶之義始於五行終於八卦從無入有見灾於星辰也從有入無見象於陰陽也陰陽之義歲月分也歲月既分吉凶定矣故曰八卦成列象在其中矣六爻上下天地陰陽運轉有無之象配乎人

事八卦仰觀俯察在乎人隱顯灾祥在乎天考天時察人事在乎卦八卦之要始於乾坤通乎萬物故曰易窮則變變則通通則久久於其道其理得矣卜筮非襲於吉唯變所適窮理盡性于茲矣

晁氏公武曰漢藝文志易京氏凡三種八十九篇隋經籍志有京氏章句十卷又有占候十種七十三卷唐藝文志有京氏章句十卷而易占候存者五種二十三卷今其章句亡矣乃略見

於僧一行及李鼎祚之書今傳者曰京氏積筭易傳三卷雜占條例法一卷或共題易傳四卷而名皆與古不同今所謂京氏易傳者或題曰京氏積筭易傳者疑隋唐志之錯卦是也雜占條例法者疑唐志之逆刺占災異是也錯卦在隋七卷唐八卷所謂積筭雜逆刺占災異十二卷是也至唐逆刺三卷而亡其八卷元祐八年高麗進書有京氏周易占十卷疑隋周易占十二卷是也是古易家有書而無傳者多矣京氏

之書幸而與存者纔十之一尚何離夫師說邪
景迂嘗曰余自元豐壬戌偶脫去舉子事業便
有志學易而輒本好王氏妄以謂弼之外當自
有名象者果得京氏傳而文字顛倒舛訛不可
訓知迨其服習甚久漸有所窺今三十有四年
矣乃能以其象數辨正文字之舛謬於邉郡山
房寂寞之中而私識之曰是書兆乾坤之二象
以成八卦凡八變而六十有四於其往來升降
之際以觀消息盈虛於天地之元而酬酢乎萬

物之表者炳然在目也大抵辨三易運五行正四時謹二十四氣志七十二候而位五星降二十八宿其進退以幾而爲一卦之主者謂之世奇耦相與據一以起二而爲主之相者謂之應世之所位而陰陽之肆者謂之飛陰陽肇乎所配乾與坤震與坎巽與離艮與兌而終不脫乎本以飛其位之卦乃伏其宮之位以隱顯佐神明者謂之伏起乎世而周乎內外參乎本數以紀月者謂之建終之始之極乎數而不可窮以紀日者謂之積會於中而以四

爲用一卦備四卦者謂之互乾建甲子於下坤建甲午於上八卦之上乃生一世之初初一世之五位乃分而爲五世之位其五世之上乃爲游魂之世五世之初乃爲歸魂之世而歸魂之初乃生後卦之初其建剛日則節氣柔日則中氣其數虛則二十有八盈則三十有六蓋其可言者如此若夫象遺乎意意遺乎言則錯綜其用唯變所適或兩相配而論內外二象若世與內（華水火配位離火四世水）若世與外（用金木交爭外先金初世木）或不

論內外之象而論其內外之位萃土水入艮兌初土四水或三相參而論內外與飛賁土火木分陰陽艮土離火飛水若伏旅火土木入離艮離火艮土休伏木或相參而論內外世應建伏觀金土火木互爲體建金水應內土伏火外木或不論內外而論世建與飛伏益金土入震索也與飛土建與伏金或兼論世應飛伏復水土見候世應水土飛伏水土屯土木應象世應土木飛伏土水或專論世應夬金木合乾先入坤象世金應木蠱金木入艮巽世金應木或論世之所忌履金火入卦初九火□九四火克九五世金爻及乾文金或論世之所生巽火木與巽同宮世木巽木見火於其所起見其所滅大壯起于子滅于亥於

其所形見其所生隨金木交形水火相激兌金巽木故曰死於
位生於時死於時生於位苟非彰往而察來微
顯而闡幽者曷足以與此前是小王變四千九
十有六卦後有管輅定乾之軌七百六卦復有
八坤之軌六百七十有二其知之者將可以語
邵康節三易矣徒小王之徒唯知尚其詞耳其
謂斯何昔魯商瞿子木受易孔子五傳而至漢
田何子裝何授洛陽丁光光授碭田王孫王孫
授東海孟喜孟喜授梁焦贛延壽延壽授房房

授東海殷嘉河東姚平河南乘弘由是易有京
房之學而傳盛矣有瞿牧自生者不肯學京氏
曰京非孟氏學也劉向亦疑京託之缺字一孟氏
不知當時爲何說也今以當時之書驗之蓋有
孟氏京房十一篇以大異孟氏京房六十六篇
與夫京氏殷嘉十二篇同爲一家之學則其源
委孰可誣哉此亦學者不可不知也若小王者
果何所授受邪蓋自京氏爲王學有餘力而王
學之適京氏則無繇矣或傳是書而文字舛謬

得以予言而攷諸凡學不可就正者鈌以待來
哲積筭雜占條例法具如别録

乾　姤遯否觀　震　豫解恒升
剥晉大有　井大過隨

坎　節屯既濟革　艮　賁大畜損
豐明夷師　睽離中孚漸

坤　復臨泰大壯　巽　小畜家人益无妄
夬需比　噬嗑頤蠱

離　旅鼎未濟蒙　兌　困萃咸蹇

渙訟同人　謙小過歸妹

京氏易傳卷下　終

欽定四庫全書

子部

京氏易傳卷上至下

詳校官中書臣瞿　照

靈臺郎臣倪廷梅覆勘

總校官編修臣王燕緒

校對官編修臣王　鏞

謄録監生臣何清寧

欽定四庫全書

子部七

京氏易傳　　術數類四占卜之屬

提要

臣等謹案京氏易傳三卷漢京房撰吳陸績註房本姓李吹律自定為京氏字君明東郡頓邱人受易于焦延壽元帝時以言災異得幸為石顯等所嫉出為魏郡太守卒以譖誅事迹具漢書本傳績有易注已著録房所著

有易傳三卷周易章句十卷周易錯卦十卷
周易妖占十二卷周易占事十二卷周易守
株三卷周易飛候九卷又六卷周易飛候六
日七分八卷周易四時候四卷周易混沌四
卷周易委化四卷周易逆刺占災異十二卷
易傳積算法襍占條例一卷今惟易傳存考
漢志作十一篇文獻通考作四卷均與此本
不同然漢志所載古書卷帙多與今互異不

但此編通考所謂四卷者以晁陳二家書目考之蓋以雜占條例一卷合于易傳三卷共為四卷亦不足疑惟晁氏以易傳為即錯卦雜占條例為即逆占灾異則未免臆斷無據耳其書雖以易傳為名而絶不詮釋經文亦絶不附合易義上卷中卷以八卦分八宮每宮一純卦統七變卦而註其世應飛伏游魂歸魂諸例下卷首論聖人作易揲蓍布卦次

論納甲法次論二十四氣候配卦與夫天地人鬼四易父母兄弟妻子官鬼等爻龍德虎形天官地官與五行生死所寓之類蓋後來錢卜之法實出於此故項安世謂以京易考之世所傳火珠林即其遺法以三錢擲之兩背一面為拆兩面一背為單俱面為交俱背為重此後人務趨捷徑以為卜肆之便而本意尚可考其所異者不以交重為占自以世

為占故其占止于六十四爻而不能盡三百八十四爻之變張行成亦謂衛元嵩元包其法合于火珠林火珠林之用祖于京房陸德明經典釋文乃於周易六十四卦之下悉註某宫一世二世三世四世游魂歸魂諸名引而附合於經義誤之甚矣乾隆四十六年十二月恭校上

總纂官臣紀昀臣陸錫熊臣孫士毅

總校官臣陸費墀

京氏易傳卷上

漢　京房　撰

䷀ 乾下乾上 乾純陽用事象配天屬金與坤為飛伏居世 壬戌土 癸酉金 易云用九見羣龍无首吉 純陽用九之德 九三三公為應肖乾乾夕惕之憂甲壬配外內二象 乾為天地之首分甲壬入乾位 積算起巳巳火至戊辰土周而復始 吉凶之兆積年起月積日起時積時 起卦入 本宮 五星從位起鎮星 土星入西方麗丙北居壬戌為伏位 參宿從位

起壬戌壬戌在世居宗廟建子起潛龍十一月冬至一陽生建巳至極主亢位四月龍見于辰陽極陰來吉去凶生用九吉配於人事為首乾為首也為君父乾象堅剛天地之尊故為君父於類為馬為龍天行運轉不息降五行頒六位十二辰分六位升降以時消息吉凶居西北之分野陰陽相戰之地易云戰于乾乾為陽西北陰陽入陰二氣盛必戰天六位地六氣六象六包四象分萬物陰陽無差升降有等陰陽二十四候律呂調矣人事吉凶見乎其象造化分乎有無故云變動不居周流六虛六位純陽陰象在中陽中陰陰中陽陽為君陰為臣陽為民陰為事陽實陰

虛明暗之象陰陽可知（三五為陽二四為陰初上潛亢）水配位為福德（甲子水是乾之子孫）木入金鄉居寶貝（甲寅木是乾之財）土臨內象為父母（甲辰土是乾之父母）火來四上嫌相敵（壬午火是乾之官鬼）金入金鄉木漸微（壬申金同位傷木）宗廟上建戌亥乾本位（戌亥乾之位）陽極陰生（降入姤卦）八卦例諸

䷫（巽下乾上）姤陰爻用事金木互體天下風行曰姤姤遇也易曰陰遇陽（一陰初生陽氣猶盛陰未為敵）與巽為飛伏元士居世（辛丑土甲子水）尊就卑（子孫與父母相代位）定吉凶只取一爻之象（多以少為

貴

九四諸侯堅剛在上陰氣處下易云繫于金柅巽積陰入陽辛壬降内外象建庚午至乙亥芒種小雪積筭起乙亥水至丙戌土周而復始災福之兆生乎五行升降也五星從位起太白太白在西居金位井宿從位入辛丑辛丑入上元上臨母也建午起坤宮初六爻易云履霜堅冰至建亥龍戰于野戌亥是乾之位乾伏本位必戰積陰之地猶盛故戰配於人事為腹為母坤順容於物於類為馬易云行地無疆此釋一爻配坤象本體是乾巽今贊一爻起陰假坤象言之内巽為風乾為天天下有風行君子以號令告四方巽入也風入於

坤皆動也故知天下有風動其物也天風氣象三十六候三十六候氣節降大風象木入金為始金納木也陰不能制於陽附於金柅易之柔道牽也五行升降以時消息陰盪降入遯天山遯卦

䷠艮下乾上遯陰爻用事陰盪陽遯金土見象山在天下為遯遯退也陰來陽退也小人君子污隆契斯義也易云遯世無悶與艮為飛伏大夫居世建辛未為月丙午火丙寅木六二得應與君位遯建焉臣事君全身遠害遯候非也建辛未至丙子陰陽遯去終而伏位從六月至十一月也積算起丙子

至乙亥周而復始火土同宮天與山遯陽消陰長無專於敗繫云能消息者必專者敗五星從位起太陰鬼宿入位降丙辰丙午臨元土配於人事為背為手艮為背手於類為狗為山石內外升降陰陽分數二十八候分陰陽進退土入金為緩積陽為天積陰為地山所地高峻逼通於天是陰長陽消降入否陰逼陽去入天地否卦

䷋坤下乾上否內象陰長純用陰事天氣上騰地氣下降二象分離萬物不交也小人道長君子道消陰小人陽君子易云否

之匪人與坤為飛伏三公居世乙卯木甲辰上上九宗廟為應君子以俟時小人為災乙卯泰來建壬申至丁丑陰氣浸長七月立秋至十二月大寒積算起丁丑至丙子周而復始金丑土同宮吉凶見矣五星從位起歲星木星入卦用事柳宿從位降乙卯乙卯臨三公氣分氣候三十六六六三十六積算吉凶陰陽升降陽道消鑠陰氣凝結君臣父子各不逮及陰盪陽來道行矣易曰其亡其亡繫于苞桑苞桑則叢桑也天地清濁陰薄音搏陽消天地盈虛與時消息危難之世勢不可久五位既分四時行矣君子當危

難世獨志難不可久立特處不改其操將及泰來上九云否終則傾何可長也否極則泰來陰長降入於觀九四被陰遍入觀卦

䷓坤下巽上觀內象陰道已成威權在臣雖大觀在上而陰道浸長與巽為飛伏諸侯臨世辛未土壬午火反應元士而奉九五君位也易云觀國之光利用賓于王臣道出於六四爻也建癸酉至戊寅陰陽交伏秋分至立春積算起戊寅至丁丑周而復始用金為首金上火互為體五星從位起熒惑火星入卦用事吉凶星宿從位降辛未星宿入諸侯宮木星同位土木分氣二十八積算

(分配六位吉凶爻定數)陰陽升降定吉凶成敗取六四至于九五成卦之終也易云觀我生(我生即道也)又云風行地上(君子之德風小人之德草也)列象分爻以定陰陽進退之道吉凶見矣地上見巽積陰凝盛降入于剝(九五退陰入剝卦)

䷖ (坤下艮上)剝柔長剛滅天地盈虛(建戌至建亥)體象金為本隨時運變水土用事成剝之義出於上九易云碩果不食君子得與小人剝廬(君子全得剝道安其位小人終不可安也)與艮為飛伏(丙子水壬申金)天子治世反應大夫建甲戌至巳卯陰陽定

候寒露至春分積算起巳卯木至戊寅木周而復始吉凶之兆見于有象純土配金用事五星從位起鎮星土星入卦張宿從位降丙子張宿入天子宮金土分氣三十六積算六位起吉凶天地盈虛氣候易象云山附於地剝君子俟時不可茍變存身避害與時消息春夏始生天氣盛大秋冬嚴殺天氣消滅故當剝道已戍陰盛不可逆陽息陰專升降六爻反為游魂盪入晉積陰反入晉卦

䷢坤下離上晉陰陽返復進退不居精粹氣純是為游魂

為陰極剝盡陽道不可盡滅故返陽道道不復本位為歸魂例入卦金方以火土運用事與離為飛伏巳酉金丙戌土諸侯居世反應元士建巳卯至甲申陰陽繼候春分立秋積算起甲申金至癸未土周而復始游魂取象配於正位吉凶同矣五星從位起太白卦配金星入用翼宿從位降巳酉金翼宿北方入晉卦行事二象分候二十八運配金土積算氣候無差於晷刻吉凶列陳象在其中矣天地運轉氣在其中矣乾道變化萬物通矣乾分八卦至大有復卦六爻交通至於六卦陰陽相資相返相尅相生至游魂復歸本位

為大有故曰火在天上大有為歸魂卦定吉凶配人事五行象乾為指歸地凡八卦分為八宮每宮八卦八八六十四卦定吉凶配人事天地山澤草木日月昆蟲包含氣候足矣

䷍ 乾下離上 大有卦復本宮曰大有內象見乾是本位八卦本從乾宮起至大有為歸魂純金用事與坤為飛伏甲辰土乙卯木三公臨世應上九為宗廟建戊寅至癸未立春正月至大暑時也積算起癸未上至壬午火周而復始吉凶與乾卦同用五星從位起太陰太陰水星入卦用事軫宿從位降甲辰二十八宿分軫星入大有卦用事行度吉凶可

見金土分象三十六候配陰陽升降六位相盪返復其道（復歸本位也）吉凶度數與乾卦同分六五陰柔為日照于四方象天行健（六龍御天）少者為多之所宗六五為尊也（柔處尊位以柔履剛以陰處陽能柔順於物萬物歸附故曰照于四方）易曰火在天上大有（離為火為日故曰大有）陰陽交錯萬物通焉陰退陽伏返本也乾象分盪八卦入大有終也乾生三男次入震宮八卦（乾生三男坤生三女陽以陽陰以陰求奇耦定數于象也）

䷲ 震下震上 震分陰陽交互用事屬於木德取象為雷出

自東方震有聲故曰雷雷能警於萬物爲發生之始故取東也爲動之主爲生之本易繫云帝出乎震安爲動主靜爲躁君與巽爲飛伏庚戌土辛卯木宗廟處上六陰爲陽之主震動動須由陰陽交互震動也運數入丙子至辛巳大雪至小滿積算起辛巳至庚辰土宮配吉凶周而復始吉凶配木官以上用事五星從位起歲星木星入卦用事角宿從位降庚戌土庚戌入震用事臨上六爻庚戌土位爲元首內外木土二象俱震易曰震驚百里又云畏鄰戒也震爲雷聲驚于百里春發秋收順天行也取象定吉凶取象爲陽配爻屬陰故曰陰陽

交錯而為震氣候分數三十六定吉凶於頃刻毫釐之末無不通也無不備也定陰陽數考人之休咎起于積算終于六位也陰陽交互陽為陰陰為陽陰陽二氣盪而為象故初九三陰為豫入豫卦

䷏坤下震上豫卦配火水木以為陽用事易云利建侯行師又云天地以順動故日月不過四時不忒坤順震動聖人以順動則刑罰清而民服與坤為飛伏乙未土庚子水世立元士為地易奉九四為正正建丁丑至壬午大寒芒種積算起

壬午至辛巳以六爻定吉凶周而復始（火土算休咎）五星從位起熒惑（熒惑火星入卦用事）亢宿從位降乙未土（亢宿配乙未土）上木下見土内順外動故為悅豫時有屯夷事非一揆爻象適時有凶有吉人之生世亦復如斯或逢治世或逢亂時出處存亡其道皆繫易云大矣哉陰陽升降分數二十八極大小之數以定吉凶之道（積算壬午入乙未推吉凶）豫以陽適陰為内順成卦之義在於九四一爻以陽盪陰君子之道變之於解（豫卦以陰入陽成九四之德變入解卦陽入陰成解之德）

䷧ 坎下震上 解陰陽積氣聚散以時內險外動必散易云解者散也解也品彙甲拆雷雨交作震雷坎雨積氣運動天地剖判成卦之義在於九二與坎為飛伏戊辰土庚寅木立大夫於世為人而六五降應委權命於庶品建戊寅至癸未立春大暑推吉凶於陰陽定運數於歲時積算起癸未至壬午周而復始土火入數起宮五星從位起鎮星鎮星土位氐宿從位降戊辰氐宿入戊辰木下見水動而險陰陽會散萬物通馬升降屬陽盪陰以陽為尊尊者高而卑者低變六三

為九三恒卦分氣候定數極位於三十六（金水入數合卦成數定日月時）變坎入巽居內象為雷風運動鼓吹萬物謂之恒（入恒卦）

巽下震上　恒久於其道立於天地雷與風行陰陽相得尊卑定矣號令發而萬物生焉（萬物得其道也生者道一作進也）雷風行而四方齊也（齊者整肅）與巽為飛伏（辛酉金庚辰土）三公治世應於上六宗廟（宗廟爻）建巳卯至甲申（春分立秋）金木起度數積算起甲申至癸未周而復始（金木入宮）五星從位起太白（太白金星入卦用事）房宿從位降辛酉（房宿入卦立秋用）上下二象見木分

陰陽於内外（内巽陰 外震陽）氣候分數三十八（金木入卦分節候）九三至於陽屯之位不順所履無定其位（恒者常也而九三以陽居位立于陰陽交互之上是知不久爲缺所然缺）易云不恒其德或承之羞陰陽升降反於陰君道漸進臣下爭權運及於升（次降入升卦）

巽下坤上 升陽升陰而陰道凝盛未可便進漸之曰升升者進也卦雖陰而取象於陽故曰以陽用事（内巽陰木陽也）與坤爲飛伏（癸丑土 庚午火）諸侯在世元士爲應侯建庚辰至乙酉（清明 秋分）積算起乙酉至甲申周而復始（金水合木官見象定吉凶）

五星從位起太陰（太陰水星入卦取象）心宿入位降癸丑（心宿入卦配土位）土下見木内外俱順動陰陽而長歲時人事配吉凶發乎動（占歲時人事吉凶之兆見乎動）易繫云吉凶悔吝生乎動氣候配象數位三十六（分陰爻數分陽爻數）自下升高以至於極至極而反以修善道而成其體（合抱之木始於毫末）陰道革入陽為坎水與風見井（入井卦）

䷯（巽下坎上）井陰陽通變不可革者井也井道以澄清不竭之象而成於井之德也易云井者德之基又云往來

井井見功也改邑不改井德不可渝也井道以澄清見用為功也井象德不可渝變也與坎為飛伏戊戌土庚申金九五處至尊應用見本象建辛巳至丙戌小滿寒露積算起丙戌至乙酉周而復始火土入卦起算數五星從位起歲星木星入卦東方用事尾宿從位降戊戌尾宿配戊戌入卦宮坎下見風險於前內外相資益於君井以德立君正民信德以其道也賢人有位君子不孤傳曰德不孤必有隣六爻各處其務反覆陰陽變化各得其道也氣候所象定數於二十八爻配陰陽分人事吉凶其見矣天地之數分於人事近取諸身遠取諸物吉凶之兆定於

陰陽陰生陽消陽生陰滅二氣交互萬物生焉震至於井陰陽代位至極則反與巽為終退復於本故曰游魂為大過降入大過卦

䷛巽下兌上大過陰陽代謝至於游魂繫云精氣為物游魂為變是故知鬼神之情狀互體象乾以金土定吉凶去本末取二五為過之功大者相過與坎為飛伏丁亥水戊申金降諸侯立元首元士居應上建丙戌至辛卯起元氣從丙戌至辛卯為卦建建者則所生之位今立建起至辛卯取陰陽至位極處也寒露至秋分積算起辛卯至

庚寅周而復始[土木入卦用事]五星從位起熒惑[熒惑火星入卦]箕宿從位降丁亥[箕宿配丁亥水合卦宮也]陰陽相盪至極則反反本及末於游魂分氣候三十六[六爻極陰陽之數三十六五行分配定吉凶於積算]陽入陰陰陽交互反歸於本曰歸魂降隨卦[入澤雷隨卦]

䷐ [震下兌上]隨震象復本曰隨[內見震也]內象見震曰本[從震起至][隨為歸魂]純木用事與巽為飛伏[庚辰土辛酉金]世立三公應宗廟建乙酉至庚寅[秋分立春]積算起庚寅至巳丑[土木入卦氣算]周而復始[吉凶定於算數為準]五星從位起鎮星[鎮星土入卦用事]計都從位

降庚辰計都配庚辰土入卦分吉凶氣候分數二十八定數於六位六位

雖殊吉凶象震進退隨時各處其位無差晷刻內外二

象悅而動隨附於物係失在於六爻易云係丈夫失小子又云係小子失丈夫此之謂也吉凶定於起算之端進退見乎隨時之義金木

交刑水火相敵休廢於時吉凶生焉震以一君二民動得其宜震一陽二陰陽君陰民得其正也本於乾而生乎震故曰長男

陰陽升降為八卦至隨為定體資於始而成乎終坎降

中男而曰坎互陽爻居中為坎卦

䷜ 坎下坎上 坎積陰以陽處中柔順不能履重剛之險故以剛克柔而履險而曰陽是以坎為屬中男分北方之卦也與離為飛伏戊子水己巳火世立宗廟居於陰位比近九五全於坎道遠於禍害三公居應亦為陰暗成坎之德在於九五九二也內外居坎陽處中而為坎主純陰得陽為明臣得君而安其居也一作君得臣而顯其道也建起戊寅至癸未大暑大雪積算起癸未至壬午周而復始金水入卦本同宮氣候起算時日歲月吉凶五星從位起太白太白金星入水宮牛宿從位降戊子二十八宿從位八卦周而復始歲候運數三

十六配六位分陰陽三百五十六餘日四分之一分五行配運氣吉凶見矣内外俱坎是重剛之位易曰坎陷也坎水能深陷于物處坎之險不可不習故曰習坎便習之習後可得履于險而不陷没者不以剛履柔不能成坎之道也震以陽居初能震動於物能為動主乾生震一陽居於初震為長男坎以陽居中為重剛之主故以坎為險陽變陰成於險道今以陰變陽止於為節次入于節卦

䷻ 兌下坎上 節水居澤上澤能積水陽止於陰故為節節者止也陽溢陰而積實居中悦内而險於前陰陽進退

金水交運與兊為飛伏丁巳火戊寅木元士立元首見應諸侯金火受其氣納到內建起甲申至巳丑為本身節氣立秋大寒積算起巳丑至戊子周而復始金水坎火運入卦雜定吉凶五星從位起太陰太陰屬水入卦用事女宿從位降丁巳配象入積算金上見水本位相資二氣交爭失節則嗟易云不節若則嗟若分氣候二十八積算起數二十八中男入兌少女分盪入陰中位見陽升降見長男次入水雷屯是則節險入陽盪九二爻體歸於陽次入屯卦

䷂ 震下坎上 屯內外剛長陰陽升降動而險凡為物之始

皆出先難後易今屯則陰陽交爭天地始分萬物萌兆在於動難故曰屯水在雷上如雲雷交作天地草昧經綸之始無出於此也故易曰屯如邅如乘馬班如泣血漣如屯難之際盤桓不進之貌難定乃通易云女子貞不字十年乃字字愛也時通則道亨合正匹也土木應象見吉凶與震為飛伏庚寅木戊辰土世上見大夫應至尊陰陽得位君臣相應可以定難於草昧之世建乙酉至庚寅秋分立春積算起庚寅至己丑周而復始土木配本宮起積算五星從位起歲星木星入卦虛宿從位降庚寅虛宿入六二庚寅位分氣候三

十六（定吉凶之數）陽適陰入中女子午相敵見吉凶（動入離象見既濟）

䷾（離下坎上）既濟二氣無衝陰陽敵體世應分君臣剛柔得位曰既濟（離坎分子午水上火下性相交敵不間陽是曰既濟也）與離為飛伏（己亥水 戊午火）世上見三公應上見宗廟內外陰陽相應坎離相約上下交（坎水潤下離火炎上二氣相交為既濟）五行相配吉凶麗乎爻象（吉凶之兆見乎爻象）建丙戌至辛卯（寒露 春分）卦氣分節氣始丙戌受氣至辛卯戌正象考六位分剛柔定吉凶積算起

辛卯至庚寅周而復始土木見運入卦五星從位起熒惑熒惑火星入卦入危宿從位降巳亥危宿入巳亥分氣候二十八定六爻之類考吉凶之兆坎入兌為積陰二象分俱陰上下反覆卦變革坎入革六四溫之入陽變體為陰也

䷰離下兌上革二陰雖交志不相合體積陰柔文象剛健可以革變兌上離下中虛務上下積陰變改之兆成物之體故曰革易云君子豹變小人革面與兌為飛伏丁亥水戊申金諸侯當世見元士九五六二為履正位天地革變人

事隨而更也更者變也建始丁亥至壬辰小雪清明水土配位土水入卦積算起壬辰至辛卯周而復始五星從位起鎮星上星入卦室宿從位降丁亥二十八宿室宿入卦華丁亥土分氣候三十六其數起元首分陰陽之象數吉凶生矣上金下火金積水而為罷罷能盛納於物火變生而為熟生熟稟氣於陰陽革之於物物亦化焉五行類五色五色類萬物稟和氣氣即順剛即逆逆即反反即敗易云已日乃孚孚猶信也陰陽更始動以見吉凶震主動也動以柔當位剛會之光

大革變於豐外卦兑入震為豐卦

䷶ 離下震上 豐雷火交動剛柔散氣積則暗動乃明易云豐其屋蔀其家闚其戶闃其無人三歲不覿乃凶上六積暗而動出之於上反下見陰之兆火木分象配於積陰與震為飛伏庚申金戊戌土陰處至尊為世大夫見應君臣相暗世則可知臣強君弱為亂世之始建生戊子至癸巳大雪小滿雷與火震動曰豐宜日中夏至積陰生豐當正應吉凶見矣日中也積算起癸巳至壬辰周而復始火土起算五星從位起太白太白金星入卦壁宿從位降庚申壁宿入坎至豐庚申入土分氣候二十八積算

定六位起數二十八上木下火氣稟純陽陰生於內陽氣雜正性潰亂極乃反為游魂入積陰震入坤也陰陽升降反歸於本變體於有無吉凶之兆或見於有或見於無陰陽之體不可執一為定象於八卦陽盪陰陰盪陽二氣相感而成體或隱或顯故繫云一陰一陽之謂道一者道也外卦震降陰入明夷次入明夷卦

䷣ 離下坤上明夷積陰盪陽六位相傷外順而隔於明處晴不分一作明傷於正道曰明夷夷者傷也五行升降八卦相

盪變陽入純陰（春夏之秋冬也）陰道危陽道安故與震為飛伏（癸丑土庚午火）傷於明而動乃見志（震動也）退位入六四諸侯在世元士為應君暗臣明不可止（箕子與紂也）建起六四癸巳至戊戌（游魂及六四爻數起小滿至寒露）積算起戊戌至丁酉周而復始（土金入卦起算數）五星從位起太陰（太陰水星入卦）奎宿從位降癸丑（奎宿入明夷配六四癸丑土上）分氣候三十六（三十六數入卦起算推吉凶）地有火明於內暗於外當世出處為衆疑之所及反傷於明易曰三日不食主人有言陰陽進退金水見火氣不相

合六位相盪四時運動靜乃復本故曰游魂（以本宮八卦相盪六位推遷也）次降歸魂入師卦

䷆（坎下坤上）師變離入陰傷於正道復本歸坎陽在其中矣（內卦坎為本宮）處下卦之中為陰之主利於行師易云師者衆也衆陰而宗於一陽得其貞正也與離為飛伏（離入坎也）陰陽相薄剛柔遷位（戊午火己亥水）世主三公應為宗廟建始壬辰至丁酉（清明秋分）積算起丁酉至丙申周而復始（金火入卦起算）五星從位起歲星（歲星木入卦）婁宿從位降戊午（婁宿入坎）

[卦歸魂六三爻]分氣候二十八[起算入卦吉凶]地下有水復本位六五居陰處陽位九二貞正能為衆之主不潰於衆易云師貞丈人吉入卦始於坎陰陽相盪反至於極則歸本坎中男[陽居九二稱中男]升降得失吉凶悔吝策於六爻六爻之設出於蓍蓍之得象而卦生積算起於五行五行正則吉極則凶吉凶之象顯於天地人事日月歲時坎之變於艮艮為少男少男處卦之末為極也[震一陽居初爻坎二陽處中艮三陽處卦之末故曰陽極為少男又云止也]

次入艮卦

䷳ 艮下艮上 艮

乾分三陽為長中少至艮為少男本體屬陽陽極則止反生陰象易云艮止也於人為手為背取象為山為石為門為狗上艮下艮二象土木分氣候與兊為飛伏（丙寅木丁未土為少男取少女相配）世上見宗廟三公為應陰陽遷次長幼分形（乾三生男將至艮極少長分形長中分之為兆也）庚寅至乙未（立春大暑）陰長陽極升降六位進退順時消息盈虛積算起庚寅至己丑周而復始（木土入卦）五星從位起熒惑（熒惑火星入卦）胃宿從位降丙寅（胃宿入卦分位）分數位三十六（配位六卦分吉凶）

金木相敵升降以時艮止於物背於物易云時止則止時行則行剛極陽反陰長積氣止於九三初六變陽取其虛中文明在內成於賁次降入賁卦

䷕ 離下艮上 賁泰取象上六柔來反剛九二剛上文柔成賁之體止於文明賁者飾也五色不成謂之賁文彩雜也山下有火取象文明火土分象與離為飛伏（己卯木 丙辰土）世立元士六四諸侯在應陰柔居尊文柔當世素尚居高侯王無累易云賁于丘園束帛戔戔建始辛卯至丙

申春分立秋積算起丙申至乙未周而復始金土入卦起算五星從位起鎮星鎮星入卦昴宿從位降己卯昴宿配賁卦初九陽位起算分氣候二十八起六位五行算吉凶土火木分陰陽相應為敵體上九積陽素尚全身遠害貴其正道起於潛至於用九假乾初上為喻也陰陽升降通變隨時離入乾將之大畜次降六二中虛為三連入大畜卦陰消陽長

乾下艮上大畜陽長陰消積氣凝盛外止內健二陰猶盛戍于畜義易云既雨既處畜消時行陽未可進取於下卦

全其健道君子以時順其吉凶與乾為飛伏甲寅木丙午火建
始壬辰至丁酉清明秋分積算起丁酉至丙申周而復始金土
入卦分吉凶起算五星從位起太白太白金星入卦推吉凶畢宿從位降
甲寅畢宿入大畜九二甲寅上九二大夫應世應六五為至尊陰陽
相應以柔居尊闕　為畜之主分氣候
二十八極陰陽之數定吉凶之兆山下有乾金土相資陽進陰止積
雨潤下畜道光也乾象内進君道行也吉凶升降陰陽
得位二氣相應陽上薄陰陰道凝結上於陽長為雨反

下九居高位極於畜道反陽爲陰入于兌象六三應上九上有陽九反應六三戍于損道次降損卦乾入兌九三之變六二

䷨兌下艮上損澤在山下卑險於山山高處上損澤益山戍高之義在於六三在臣之道奉君立誠易云損下益上乾九三變六三陰柔益上九臣奉君之義與兌爲飛伏丁丑土丙申金三公居世宗廟爲應六三上九建始癸巳至戊戌小滿寒露積算起戊戌至丁酉周而復始土火入官起積算五星從位起太陰太陰水星入卦用事觜宿從位降丁丑二十八宿配觜宿入損卦六三爻起算歲月日時土星入卦配吉

凶陰陽相盪位不居（土金入損卦起筭陰陽相生六位變動不居也）六爻有吉凶四時變更不可執一以為規（六爻吉凶隨時更變或春或夏或秋或冬歲時運動）分氣候二十八（二十八起數筭吉凶入卦）陰陽升降次艮入離見睽之象損益六爻剛長陰次入火澤睽卦

䷥（兌下離上）睽火澤二象氣運（一作轉）非合陰消陽長取象何比惟陽是從陰陽動靜剛柔分焉先睽後合其消通也文明上照幽暗分矣（兌處下為積陰暗之象也離在上為明照于下）易云見豕負塗載鬼一車先張之弧後說之弧往遇雨則吉羣疑

亡也先疑暗也後說明也與離為飛伏巳酉金丙戌土諸侯立九四為世初元士為應建始甲午至巳亥芒種小雪積算起巳亥至戊戌水土入卦五星從位起歲星歲木星入卦參宿從位降巳酉二十八宿配參宿入卦巳酉土分氣候三十六起數積算金火二運合土宮配吉凶於歲時六五陰柔處文明九二四得立權臣陰陽相盪六位逆遷變離入乾健於外象坎入履陰陽推遷變化六爻吉凶之兆著于要之爻如臣事君近多憂也次降入天澤履卦

䷉ 兌下乾上天下有澤曰履履者禮也得位吉失位凶當履之時素

尚吉易云視履考祥其旋元吉與乾為飛伏[壬申金丙子水]六爻屬八卦[艮六丙也]九五得位為世身九二大夫合應象建始乙未至庚午[大著大雪]積算起己亥至庚子[金水入卦配六位算吉凶]五星從位起熒惑[熒惑火星入卦]井宿從位降壬申[二十八宿入卦井宿入壬申]分氣候金火入卦起於極數二十八[二十八數起丙辰推吉凶]陽多陰少宗少為貴得其所履則貴失其所履則賤易云眇能視跛能履[此履非其位六三也]吉凶取此文為準六位推遷積欠起算數休王相破資益可定吉凶也升降反位

歸復止於六四入陰為游魂中孚卦次入中孚卦

䷼兌下巽上中孚陰陽變動六位周匝反及游魂之卦金木合上逆入卦象互體見艮止於信義中孚信也與乾為飛伏辛未土壬午火艮道革變升降各稟正性六四諸侯立世應初九元士九五履信九二反應氣候相合內外相敵陰勝陽陽勝陰剛柔相薄六爻反應柔順相合吉凶見矣建始庚子至乙巳大雪小滿積算起乙巳至甲辰周而復始火土入卦起積算五星從位起鎮星鎮星土星鬼宿從位降辛未二十八宿配鬼宿入卦推吉凶分氣候三十六配卦算吉凶之位

風與澤二氣相合巽而說信及於物物亦（一作必）順馬易云信及豚魚（豚魚幽微之物信尚及之何况於人乎）兊入艮六三入陽內二陽歸陰陰陽交互復本曰歸魂次降歸魂風山漸卦（內見艮）

䷴（艮下巽上）漸陰陽升降復本曰歸魂之象巽下見艮陰長陽消柔道將進（艮變八卦終於漸漸終降純陰入坤分長女三陰之兆也柔道行也）與兊為飛伏（丙申金　丁丑土）九三三公居世宗廟為應建始巳亥至甲辰（小雪　清明）積算起甲辰至癸卯周而復始（土木見運入卦算吉）

凶五星從位起太白太白西方之卦定吉凶柳宿從位降丙申二十八宿柳宿入卦定吉凶分氣候二十八定數配吉凶入卦起算上木下土風入艮象漸退之象也互體見離主中文明九五傅位得進道明也九五處互體卦之上進文明也六二陰柔得位應至尊易云鴻漸于磐飲食衎衎賢人進位也陰陽升降八卦將盡六十四爻陰陽相雜順道進退次于時也少男之位分於八卦終極陽道也陽極則陰生柔道進也降入坤宮八卦陽卦三十二宮為陽乾震坎艮也

欽定四庫全書

京氏易傳卷上

京氏易傳卷中

漢 京房 撰

䷁ 坤下坤上 坤純陰用事象配地屬土柔道光也陰凝感與乾相納臣奉君也易云黃裳元吉六二內卦陰處中臣道正也與乾為飛伏（癸酉金 壬戌土）宗廟居世三公為應未免龍戰之災無成有終（陰臣陽君臣不敢為物之始陽唱陰和君命臣終其事也）初六起履霜至於堅冰陰雖柔順氣亦堅剛為無邪氣也

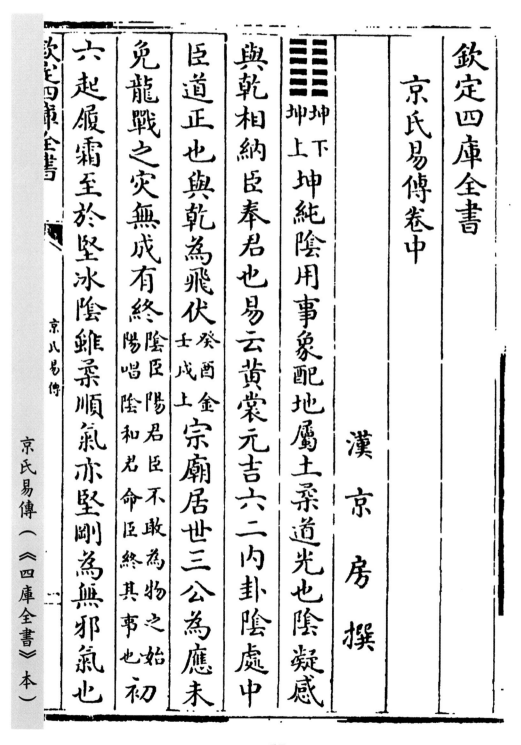

建始甲午至巳亥芒種小滿積算起巳亥至戊戌周而復始純土用事入積算定吉凶五星從位起太陰太陰水星入卦西南方之卦鎮星入卦配坤西南星宿從位降癸酉金二十八宿八卦星宿降坤上六癸酉金分氣候三十六起積為數三十六陰中有陽氣積萬象故曰陰中陰陰陽二氣天地相接人事吉凶見乎其象六位適變八卦分焉六位變動八卦顯著陰雖虛納于陽位稱實六五六三之類也升降反復不能久處千變萬化故稱乎易易者變也陰極則陽來陰消則陽長衰則退盛則戰易云上六龍戰于

野其血玄黄陽屬乾配西北積陰之地陰盛故戰乾陽

坤俯處天地之氣雜稱玄黄也

來盪陰坤內卦初六適變入陽曰震陰盛陽微漸來之義

故稱復次降陽入地雷復卦

震下
坤上

復陰極則反陽道行 正一作

七日陽之稱也七九稱陽之數也謂坤上六陰陽戰之也易云君子道長

六爻反

小人道消爻曰七日來復

七日陽之稱也謂坤上六陽不可輕犯六陽

涉六陰反下七爻在初故稱七日日亦陽也

地陰雖不能勝陽然正當盛陽不可輕犯六陽

復之稱 註在前 易云初九不遠復无祗悔 反至初九陽來陰復去遠也

六爻盛卦之體總稱也月一陽為一卦之主與震為飛

京氏易傳

二

伏（庚子水乙未土）初九元士之世六四諸侯見應建始乙未至
庚子（大暑大雪見候起坤六月至十一月戊子為正朔見復之兆）積算起庚子至巳
亥（積算起庚子至巳亥十月至十一月年亦然）周而復始土水見候五星從
位起歲星（歲星木星入復卦合水土配吉凶）張宿從位降庚子（二十八宿分張宿入復卦庚子水上）分氣候二十八（積算起數二十八定吉凶六爻）坤上震下動
而順是陽來盪陰陰柔反去剛陽復位君子進小人退
易云休復元吉陽升陰降變六二入兌象次併臨二陽
將進內為悅陰去陽來氣漸隆（陰不敢拒陽奉命而已）次降入地

澤臨卦

䷒ 兌下坤上 臨陽長陰消悅而順金土應候剛柔分震入兌二陽剛本體陰柔降入臨臨者大也陽爻健順陽交退散易曰君子之道易云至于八月凶建丑至未也陽長六爻反復吉凶之道可見矣至于八月入遯與兌為飛伏丁卯木乙巳火九二大夫立世六五至尊應上位建始丙申至辛丑立秋大寒七月積氣至六月吉凶隨爻考汙隆旺則隆衰則汙積算起辛丑至庚子積算起金上入卦推休咎于六爻五星從位起熒惑熒惑火星

入卦用事翼宿從位在丁卯二十八宿翼宿入卦九二爻木上分氣候三十六定陰陽之數起于三十六積算坤下見兌悅澤臨陽升陰降入三陽乾象入坤即泰卦臨卦内象先陽長逼陰成乾為泰象外坤積陰内兌亦為陰二陽合體柔順之道不可貞吉凶以時配於六位用於陽長之爻成臨之義六三將變陽爻至次降入泰卦次入地天泰卦

䷊乾下坤上泰乾坤二象合為一運天入地交泰萬物生焉小往大來陽長陰危金土二氣交合易云泰者通也

道於天地長於品彙陽氣內進陰氣升降升降之道成於泰象與乾為飛伏甲辰土乙卯木三公立九三為世上六宗廟為應候建始丁酉至壬寅秋分立春積算起壬寅至辛丑周而復始金土位上起積算吉凶五星從位起鎮星土星入卦軫宿從位降甲辰分氣候二十八積算起二十八數於甲辰位地下有天陽道浸長不可極極則否成三陽務上坤順而往往而不已否道至存泰之義在於六五陰居陽位能順於陽陰陽相納二氣相感終於泰道外卦純陰陽來剛柔成于震象陰降陽升居乾

上戌大壯次降陰升陽八雷天大壯卦

䷡乾下震上大壯內外二象動而健陽勝陰而為壯內陽升降二象俱陽曰大壯易曰羝羊觸藩羸其角進退難也壯不可極極則敗物不可極極則反故曰君子用罔小人用壯與震為飛伏庚午火癸丑上九四諸侯立世初九元士在應建始戊戌至癸卯寒露至春分積算起癸卯至壬寅土木入卦起積算五星從位起太白太白金星入卦角宿從位降庚午二十八宿入卦配角宿入大壯庚午九四爻上分氣候三十六積算起數庚午火定吉凶雷在天上健而

動陽升陰降陽來盪陰吉凶隨爻著于四時九四庚午火之位入坤為卦之本起于子滅于寅陰陽進退六位不居周流六虛外象震入兌為陰悅適爻為剛長次降入夬陽決陰之象入澤天夬卦

䷪ 乾下兌上 夬剛決柔陰道滅五陽務下一陰危上將反游魂九四悔也澤上於天君道行也夬五世六位周而復始為游魂至九四戊陰入坎為需與兌為飛伏丁酉金癸亥水九五立世九二大夫為應九五在兌象為世澤小於天也建始己亥至甲辰小雪清明積算起甲辰

至癸卯周而復始金木分乾兌入坤象入坤宮起積算五星從位起太陰太陰水星入卦起算亢宿從位降丁酉二十八宿配亢宿入火卦丁酉金上起分氣候二十八積算起宮二十八入卦甲辰還丁酉金上定吉凶易云澤上於天夬揚于王庭柔道消消不可極反於游魂九四柔來文剛陰道存也陰之道不可終否剛柔相濟日月明矣天地定位人事通也凡卦陰極陽生陽極陰生生生之義不絕之貌日月循環天地交泰陰陽相盪六位交分萬物生焉故曰雷動風行山澤通氣人之運動體斯合矣人稟五常三焦九竅風火通相兼濟以一位虧四體羸焉陰陽升降反

復道也次降入游魂水天需卦

䷄（乾下坎上）需雲上於天凝於陰而待於陽故曰需需者待也三陽務上而隔於六四路之險也（外卦坎水為險亦陰稱血也）坤之反覆適陽入陰（坎卦九四入需卦成六四陰之位也）陰陽交會運動陰雨積而凝滯於陽通乃台也（羣陽務上一陰敵之故凝滯而乃台）與兑為飛伏（戊申金丁亥水）游魂立世諸侯應初九元士建始甲辰至巳酉（清明秋分）積算起巳酉至戊申周而復始金土入乾坎（積算起宮定吉凶）五星從位起歲星（歲星木星入卦）氐宿從位降戊

申（二十八宿降氐宿入坤宮游魂卦六四戊申金上起積算吉凶）分氣候三十六（定吉凶總三十六位起算）乾外見坎健而進險在前也需於飲食爭於坎也陰陽相激勝負有倚反為不速敬終有慶陰陽漸消陽道行行反復其位不妄於陰坎降入歸魂水地比卦

坤之歸魂也

䷇（坤下坎上）比反本復位陰陽相定六爻交互一氣在也

水在地上九五居尊萬民服也（比卦一陽五陰少者為貴衆之所尊者也）比親於物物亦附焉原筮於宗歸之於衆諸侯列土君上

宗之奉于宗祧盟契無差邦必昌矣與乾為飛伏（乙卯木甲辰土）歸魂六之三公居世應上六宗廟建始癸卯至戊申（春分立秋）積算起戊申至丁未周而復始五星從位起熒惑（火星入卦）房宿從位降乙卯（二十八宿配房宿入坤歸魂乙卯木位上）分氣候二十八（積算起二十八數）陰道將復以陽為主一陽居尊羣陰宗之六爻交分吉凶定矣地道之義妻道同也臣之附君比道成也歸魂復本陰陽相成萬物生也故曰坤生三女巽離兌分長中下（巽長女離中女兌少女）以陽求陰乾之巽為長女

䷸ 巽下巽上 巽陽中積陰而巽順 本乾象陰來盪成巽巽者順也 風從穴入於物號令齊順天地明也內外稟於一陰順於天地道也聲聞於外遠彰柔順陰陽升降柔依剛也本於堅剛陰來又柔東南向明齊肅陰陽與震為飛伏 辛卯木庚戌土 宗廟居世三公在應 上九九三 建始辛丑至丙午 大寒芒種 積算起丙午至乙巳周而復始 訣火木與二十八宿分虛宿入巽上九辛卯木上 分氣候其數三十六 分三十六數入卦起算 陰氣起陽陽順於陰陰陽和柔升降得位剛柔分也陰不可盈暑刻傾也初六適

變陽來陰退健道行也三陽務進外陰陽也適變於內外未從也次降陰交於陽九爲小畜卦初六變初九也

乾下巽上 小畜易云密雲不雨自我西郊小畜之義在於六四三陽連進於一危也外巽體陰畜道行也巽之初六陰盪陽氣感積陰不能固退復本位三連同往而不可見戌於畜義外象明矣一陰劣不能固陽是以往也外巽積陰能固陽道成在上九一爻之法也易云既雨既處也與乾爲飛伏甲子水辛丑土初九元士居世六四諸侯在應建始壬寅至丁未立春大暑積算

起丁未至丙午周而復始木土入乾巽入宮起算法五星從位起太白金星入卦起算吉凶尾宿從位降甲子二十八宿入卦分尾宿以小畜甲子水上起算分氣候其數二十八分二十八數起宮推算一陰居六四建子入陽宮推其休咎處吉凶剛健立陽爻陰凝在巽體易云輿說輹夫妻反目不義之兆夏至起純陰陽爻位伏藏冬至陽爻動陰氣凝地陰陽升降以柔為剛見中虛文明積氣居內象九二適變入離次降入風火家人卦

䷤離下巽上家人乾剛俱變文明內外相應九五應六二爻陰陽

得位居中履正火上見風家人之象閑邪存誠嗃嗃得中互體見文明家道明也内平遇坎險象家人難也酌中之義在於六二與離爲飛伏（己丑土辛亥水）建始癸卯至戊申（春分立秋）積算起戊申至丁未金土入離巽（金土入卦同積算）大夫居世應九五立君位五星從位起太陰（太陰北方入卦起宫推算）箕宿從位降巳丑（二十八宿分箕宿入家人卦在巳丑土上）分氣候其數三十六（三十六起數家人卦推入積算休咎）火木分形陰陽得位内外相資二氣相合君君臣臣父父子子兄兄弟弟易曰家人嗃

嗃父子嘻嘻治家之道分於此也吉凶之義配五行進退六五進退吉凶於陰陽陰陽得起在於四時運動吉凶見矣分内外矣二象配天地星辰合命定吉凶

文明運動變化之象九三適陰入震風為雷合曰益次

降風雷益卦

䷩ 震下巽上 益天地不交曰否六二陰上柔剛九四下降積陰故為益易曰損上益下雷動風行男下女上震男巽女陽益陰君益於民之象也互見坤坤道柔順又外見艮艮止陽益陰止於陽柔道行也内外順動風雷益四象分明剛柔定矣與

震為飛伏庚辰土辛酉金六三三公居世上九宗廟為應建始甲辰至巳酉清明秋分積算起巳酉至戊申周而復始土金入震巽起積配風雷益卦起宮五星從位起歲星木星入卦計宿從位降庚辰二十八宿分計宿入風雷益六二庚辰上上分氣候二十八起二十八數積算吉凶周而復始陰陽二木合金土配象四時運轉六位交分休廢旺生吉凶見乎動爻配日月星辰進退運氣升降復當何位金水木火土適變於外陽入陰爻二象健而動屬於天地也天陽震雷亦陽也二氣相激動而健天行也陰陽相盪次降入天

雷无妄卦

䷘ 震下乾上 无妄乾剛震動二氣運轉天下見雷行正之道剛正陽長物无妄矣内互見艮止於純陽外互見巽順於陽道天行健而動剛正於物物則順也金木配象吉凶明矣（金木配乾震入卦）與乾為飛伏（壬午火辛未土）九四諸侯在世初九元士立應上建始乙巳至庚戌（小滿寒露）積算起庚戌至巳酉周而復始火土入乾震（火土分乾震入无妄卦起積算）五星從位起熒惑（火星入卦定吉凶）牛宿從位降壬午（二十八宿分牛宿入无妄）

土午火位上分氣候三十六三十六數起卦積算上金下木二象相衡陰陽升降健而動內見一陽應動剛五行分配吉凶半矣二氣各爭九五適變入文柔陰盪陽爻歸復位剛柔履次明在外進退吉凶見中虛次降入火雷噬嗑卦

䷔ 震下離上噬嗑柔來文剛積氣居中陰道明白動見文明雷電合分威光而噬嗑也易曰頤中有物曰噬嗑陰陽分中動而明象雷電也物有不齊齧而噬吉凶之道象於五行順則吉逆則凶火木合卦配升降與離為飛伏巳未

土辛巳火六五居尊應六二大夫建始丙午至辛亥世種小雪積

算起辛亥至庚戌周而復始火土入離震分火土二位入噬嗑卦起

積算爻推配星辰歲月日時進退吉凶五星從位起鎮星土星入卦女宿從位

降巳未土二十八宿分女宿入卦六五巳未土也分氣候二十八從二十八位數

起八卦算吉凶火居水上陽中見陰陽雜氣渾而淍吉凶適變

隨時見也返復陰游魂入卦降下九四陽入陰五行進退始終

之道斯可驗矣升降六爻極返終下降山雷頤卦

䷚ 震下艮上 頤六位上下周而復始內外交互降入純陰

見坤象居中地之氣萃在其中上下陽位包陰積純和之氣見浩然之道明矣土木配象吉凶從六虛六虛即六爻也與震為飛伏丙戌土巳酉金六四諸侯在世元士之初九見應建始辛亥至丙辰小雪清明積算起丙辰至乙卯周而復始土木入艮震分土木二象入卦算吉凶五星從位起太白金星西方入八月卦上衡虛宿從位降丙戌土二十八宿分虛宿入頤六四丙戌土上分氣候三十六起數二十八推六爻吉凶之位山下有雷止而動陰陽通變分氣候内外剛而積中柔升降游魂下居六四位特分復歸於本游魂返居六四

入卦周始爻位遷次明矣吉凶起於六四次環六位星宿躔次也極則反本降入歸魂山風蠱卦

䷑ 巽下艮上蠱適六爻陰陽上下本道存也氣運周而復始山下見風止而順內互悅而動易云蠱者事也先甲後甲事分而令行金土合木象復本曰歸魂與震為飛伏辛酉金庚辰土九三歸魂立三公在世應上九見宗廟建始庚戌至乙卯寒露春分積算起乙卯至庚寅周而復始土木入艮巽土木分艮巽宮五星從位起太陰太陰水星入卦用危宿從位

降辛酉金二十八宿危宿入巽歸魂山風蠱九三辛酉金位上分氣候二十八起積算數二十八卦宮定吉凶木上見土風落山貞幹於父事陰陽復位長幼分焉八卦循環始於巽歸魂內象見還元六爻進退吉凶在於四時積算起宮從乎建始卦用及身也升陰陽巽宮適變入離文柔分矣陰入陽退見中虛次水中女八卦相盪陰陽定位遷入離宮八卦純火以日用事

䷝ 離下離上 離

離本於純陽陰氣貫中稟於剛健見乎文明故易曰君子以繼明照于四方離卦中虛始于乾象純則健不能柔明故以北

方陰氣貫中柔剛而文明也陽為陰主陽伏於陰也成卦義在六五是以體離為日為火始於陽象而假以陰氣純用剛健不能明照故以陰氣入陽柔於剛健而能順柔中虛見火象也是以離取中虛氣炎方能照物日昌火本陽象也純以陰又不能乾於物純以陽又暴於物故取陰柔於中女能成於物也與坎為飛伏巳巳火戊子土宗廟為世應上見三公上九九三建始戊申至癸丑立秋至大寒積算起癸丑至壬子火取胎月至本月周而復始土水二象入離火位土水二位入卦起算五星從位起歲星木星入火宮卦室宿從位降巳巳火二十八宿分室宿入離宮上九

巳巳火上也分氣候三十六積算起數三十六立位定吉凶內外二象配於火土為祥土火入離為祥互見悅順著於明麗兑巽二象陰陽升降入初九適變從陰止於艮象內卦變也吉凶從位起至六五休廢在何爻看當何位金水木火上與本宮刑害次降入火山旅卦初九爻變之

䷷艮下離上旅陰中見陽溢入陽中陰陽二氣交互見本象火居山上為旅之義離為陰初九為陽艮為陽初六為陰二氣交互上下見木也火在上無止象旅之義易曰旅人先笑後號咷又曰得其資斧仲尼為旅人固可知矣旅卦為取象火在山上顯露無止五行入卦消息去此還也與艮

為飛伏丙辰土己卯木其居初六元士九四諸侯見應建始己酉至甲寅秋分立春積算起甲寅至癸丑周而復始火土木入離艮火木土入卦起積算五星從位起熒惑火星入卦見本象壁宿從位降丙辰二十八宿壁宿入旅卦初六丙辰土位上起算分氣候三十六分三十六數起卦推算火土同宮二氣合應陰陽相對吉凶分乎陰位上九陽居宗廟得喪于易六五為卦之主不係于一凶其宜也內象適變溢陰入陽巽順於外進退意罷外象明應內為鼎次降火從風入鼎初九之初六六二之九二巽為風離象火曰鼎

䷱ 巽下離上

鼎木能巽火故鼎之象亨飪見新供祭明矣易曰鼎取新木見火中發火木相資象鼎之兆下穴為足中虛見納飪熟之義明矣凡飪熟享祀為先故曰供祭明矣變生也陰陽得應居中履順三公之義繼於君也九三成鼎之德六五委任得賢臣假之位以斯明也陰穴見火順於上也中虛見納受辛於內也金玉之鉉在乎陽饗新亨飪在乎陰與巽為飛伏辛亥水己丑土九二立大夫為世六五居尊見應建始庚戌至乙卯寒露春分積算起乙卯至甲寅周而復始分土木入離巽分土木二象入離巽配鼎卦五星從位起鎮星土星入火

宮奎宿從位降辛亥水二十八宿分奎宿入陽卦九二辛亥位上分氣候三十六起宮數三十六宮配卦算吉凶火居木土二氣交合陰陽巽順罷具形存金玉堅剛配象陰陽升降六位遞相遷次九三適變以陽入陰見乎坎險陽九三爻之義陰成坎卦外象內坎外離二氣不交見未濟卦降入水火未濟卦

䷿坎下離上未濟陰陽二位各復本體六爻交互異於正象離炎上坎務下二象不合各殊陰陽交納是以異於本象也故取未濟名之世應得位陰陽殊塗九二六五性命不交吉凶列矣坎性離命與坎為

飛伏（戊午火 己亥水）六三三公為世應宗廟（上九）建始辛亥至丙辰（小雪 清明）積算起丙辰至丁卯水土二象入離坎（分水土入卦）五星從位起太白（金星入離宮卦分六爻）婁宿從位降戊午火（二十八宿分婁宿入未濟九二戊午火位土定吉凶入積算）分氣候二十八（積算二十八數至吉凶處）水火二象坎離相納受性本異立位見隔睽于上下吉凶生也（子午之位）受刑見害氣不合也陰陽升降入於外卦適離為艮上著於象（艮上著離也）天地盈虛與時消息其大也次降入山水蒙卦

坎下艮上蒙積陽居陰止於坎陷養純正素居中得位易云山下出泉蒙二象擽正天下通也擊暗釋疑陽道行也內實外正暗得明陰附於陽稚道亨也故曰蒙養正與艮為飛伏丙戌土乙酉金諸位立世元士為應六四初六建始壬子至丁巳大雪小滿積算起丁巳至丙辰周而復始火土入艮坎火上二象入卦同算五星從位起太陰水星北方入宮起算胃宿從位降丙戌土二十八宿分胃宿入蒙卦六四丙戌土上分氣候三十六起數二十八從六位推算山下見水畜聚居中分流萬派六位不居吉凶

適變水土分也五行入卦算吉凶逐四時行囚廢王吉則王凶則廢陰陽進退歲時物也六五陽中積陰入巽見陰中陽二氣相溫不可盈望次降入風水渙卦六五變入九五陽中陰入陽中陽適變往于他宮位不出本宮

䷺ 坎下巽上

渙水上見木渙然而合渙者散也內外健而順納實居中正互見動而上虛舟行也陰陽二象資而益也風行水上處險非溺也木浮于水也九五履正思順非偪也與巽為飛伏辛巳火己未土九五居尊大夫應九二爻也建始癸丑至戊午大寒芒種積算起戊午至丁巳周而復始火土入坎巽火土

二象入坎巽配火宮渙卦起算五星從位起歲星木星入火宮本象昴宿從位降辛巳火二十八宿分昴宿入渙九五辛巳火位上分氣候其數二十八起算從二十八位上推六爻吉凶歲月日時為候內卦坎中滿一陽居中積實于內風在外行虛聲外順吉凶之位效乎四序盛衰之道在乎機要陰陽死于位生于時死于時生于位進退不可詰正盛則衰來正衰則盛來易曰積善之家必有餘慶積不善之家必有餘殃八卦始終六虛反復游魂生

巽入乾為天水訟卦

䷅ 坎下乾上 訟生生不絕之謂道六位不居返為遊魂離宮八卦以訟為反四五至四也天與水違曰訟天道西行水東流共路背也外象乾西北方之卦內坎水正北方之卦其流東也二氣不交曰訟五行所占六位定吉凶非所背順為正金與水二氣相資父子之謂健與險內外相激家國之義出象故以則斯可驗矣與巽為飛伏壬午火辛未土諸侯居世元士見應九四初六建始戊午至癸亥芒種小雪積算起癸亥至壬戌周而復始火水入卦火水二象入離宮配六位積算推日月歲時五星從位起熒惑火星入火宮同起積算畢宿

從位降壬午火二十八宿分畢宿東方宿入離游魂天水訟卦九四壬午火土也分氣候三十六起宮從三十六位算吉凶天下見水陰陽相背二氣不交物何由生吉凶宗於上九進退見於九四二居中履正得其宜也陰陽升降復歸內象陰去陽來復本位內見離同人次降天火同人卦次本陽上下二爻陰適變從離也

䷌ 離下乾上 同人二氣同進健而炎上乾務上離務下同途異致性則合也易曰出門同人又誰咎也九二得位居中六三積陰待應易曰先號咷而後笑陽於陽位不能決勝先故曰號咷後獲合

方喜也故曰後笑也八卦復位六爻遷次周而復始上下不停生生之義易道祖也天與火明而健陽道正陰氣和也六二居内卦中能奉於陽吉凶故象五行昭然金木水火土配六位相生與坎為飛伏已亥水戊午火歸魂立三公為世上九宗廟為應候建始丁巳至壬戌小滿寒露積算起壬戌至辛酉周而復始火土入乾離火上二象入乾離配六宫起積算五星從位起鎮星土星入卦定其吉凶觜宿從位降已亥水二十八宿分觜宿入離歸魂配天火同人九三巳亥水土分氣候二十八起積算二十八位數巡六爻有吉凶入何位火上見金二氣雖同五

行相悖六爻定位吉凶之兆在乎五二得時則順失時則逆陰陽升降歲月分焉爻象相盪內外適變八卦巡迴歸魂復本本靜則象生故適離為兌入少女分八卦於兌象（坎入兌宮八卦）

䷹（兌下兌上）兌積陰為澤純金用體畜水凝霜陰道同也上六陰生與艮為合（兌下六陰凝艮土於陽健納兌為妻二氣合也）土木入兌水火應之二陰合體積于西郊（秋王）衝艮入乾氣類陰也配象為羊物類同也與艮為飛伏（丁未土丙寅木）上六宗廟在

世六三三公為應建始乙卯至庚申（春分立秋）積算起庚申至巳未周而復始金土入兑宮（金土入兑宮起積算）五星從位起太白（太白金星入卦）參宿從位降丁未土（二十八宿分參宿入兑上六丁未土上）分氣候三十六（起宮算從三十六數起定吉凶）內卦互體見離巽配火木入金宮分貴賤於強弱（火強木弱）吉凶隨爻算歲月運氣逐休王陰陽升降變初九入初六陽入陰為坎象正體見陽位剛柔分吉凶見也適變內象入坎為困卦（兑內卦初九變入坎）

䷮ 坎下兌上 困澤入坎險水不通困外禀內剛陰道長也陰陽不順吉凶生也易云困于石據于蒺藜入于其宮不見其妻凶上下不應陰陽不交二氣不合困卦上下無應陰陽不交六三陰上六亦陰無匹入九五求陽陽亦無納也五行配六位生悔吝四時休王金木交爭萬物之情在乎幾微與坎為飛伏戊寅木丁巳火初六元士為世九四諸侯在應建始丙辰至辛酉清明秋分積算起辛酉至庚申周而復始土金入坎兌分土金入坎兌配金宮起算五星從位起太陰水宿入兌卦起算井宿從位

降戊寅二十八宿分井宿入困卦初六戊寅木分氣候其數二十八二十八起宫入積算定吉凶坎象互見離火入兌金水見運配吉凶陰陽升降坎入坤陰氣凝盛降入萃變通入萃卦

坤下兌上萃金火分氣候土木入兌宫升降陰氣盛剛柔相應合九五定羣陰二氣悅而順萃卦丁酉金乙巳火二象刑而合也澤上於地積陰成萃易曰萃者聚也吉凶生陽氣合而悅凡聚衆必慎防閑假陽為主成萃之義伏戎必豫備衆聚去疑心與坤為飛伏乙巳火丁卯木六二大夫居世九五至尊見應建始戊寅至癸未立春大暑

積算起癸未至壬午周而復始土木入坤兌（分土木入兌宮起算）五星從位起熒惑（火星入金水宮推吉凶也）翼宿從位降乙巳（二十八宿分翼宿入萃六二位上）分氣候二十八（積算起二十八數六爻見吉凶）澤下見坤二氣順木土入宮有愛惡（木惡土愛也）陰陽升降陽氣來止於坤象互見艮（艮陽）為兌象納艮陰氣強（男下女）次降澤山

咸卦

䷞（艮下兌上）咸山下有澤虛已畜物陽中積陰感於物也陽下於陰男女之道內外相應感類於象也六二待聘

九五見召二氣交感夫婦之道體斯合也易曰咸感也利取吉女（艮少男兌少女男下於女取婦之象）與艮為飛伏（丙申金丁丑土）九三三公居世上六宗廟為應建始戊午至癸亥（芒種小雪）積算起癸亥至壬戌周而復始火土入艮兌（分火土象入艮兌也）五星從位起熒惑（火星南方入金宮）柳宿從位降丙申（二十八宿分柳宿入咸九三丙申金爻上）分氣候三十六（積算起數分三十六位起吉凶）土上見金母子氣合陰陽相應剛柔定位吉凶隨爻受氣出則吉刑則凶陰陽等降入外險止於內象為山水蹇卦（九四爻之入陰中剛）

䷦艮下坎上蹇利於西南民道通也水在山上蹇險難進陰陽二氣否也陰待於陽柔道牽也險而逆止陽固陰長處能竭至誠於物為合蹇道亨也易曰王臣蹇蹇匪躬之故六二與坎為飛伏戊申金丁亥水六四諸侯居世初六元士在應建始已未至甲子大暑大寒積算起甲子至癸亥周而復始土水入坎艮水土二象入艮配金宮起算五星從位起鎮星土星入金宮星宿從位降戊申二十八宿分星宿入蹇六四戊申金土分氣候其數三十六積算起數三十六從六位五行土上見水柔而和此五行

相推二氣合取象則陰陽相背也九五適變入坤宮宮比得朋陰氣合也外卦九五變入坤內見艮故曰得朋也將入謙卦取象坎降入

地山謙

䷎ 艮下坤上 謙六位謙順四象無凶一陽居內卦之上為謙之主易曰謙謙君子利涉大川陰陽不爭處位謙柔陰中見陽止順於謙有無之位上下皆通易曰撝謙無不順也與坤為飛伏癸亥水丁酉金六五居世大夫在應建始庚申至乙丑立秋大寒積算起乙丑至甲子周而復始金土

入坤艮（金土二象入兌宮起算也）五星從位起太白（太白金星入兌宮卦）張宿從位降癸亥（二十八宿分張宿入謙六五癸亥水上）分氣候二十八（積算起數）

（二十八位）坤在艮上順而止五行入位象謙柔（吉凶隨爻適變）陰陽升降至六五位返入游魂變歸六四（溢六四一爻入陽也）八卦相離四象分也次降入雷山小過卦

（艮下震上）小過六四適變血脈通也陽入陰陰入陽二氣降內外象上下返應二剛相適（九三九四）土木入卦分於二象（內艮外震）雷處高山亢之極也內柔無正性危及於外

易曰飛鳥遺之音不宜上宜下與坤為飛伏（庚午火 癸丑土）反歸九四諸侯立世元士見應建始乙丑至庚午（大寒 芒種）積算起庚午至已巳周而復始土火入震艮（外土火二象入兌宮）五星從位起太陰（水星入卦游魂）翼宿從位降庚午（二十八宿分翼宿入兌宮）

（游魂小過卦九四庚午火上）分氣候三十六（積算三十六數六位吉凶）木下見土二陽畜陰六位相刑吉凶生也上升下陰陽反應各私其黨六爻適變陰道悖也升降進退其道同也之艮入兌陰納與陽也反復其位次降入歸魂雷澤歸妹卦

䷵兌下震上歸妹陰復於本悅動於外二氣不交故曰歸妹歸者嫁也互見離坎同於未濟適陽從陰剛從外至九四至剛六三悅柔返無其應凶兌羊涉卦之終長何吉也與艮為飛伏丁丑土丙申金三公歸魂之世上六宗廟見應建始甲子至巳巳大雪小滿積算起巳巳至戊辰周而復始水土入震兌分水土二象入兌宮五星從位起歲星木星東方入兌宮歸魂軫宿從位降丁丑土二十八宿分軫宿入兌歸魂六二丁丑土上分吉凶起算分氣候三十八積算起三十八數六位推五行數吉凶雷居澤上剛氣亢盛陰陽

不合進退危也震長男兌少女少女匹長男氣非合也吉凶在上六處於動極適變位定時不可易之道也五行考象非合斯義陰陽運動適當何爻或陰或陽或柔或剛升降六位非取一也兌歸魂配六十四卦之終也

欽定四庫全書

卷中

京氏易傳卷中

京氏易傳卷下

漢 京房 撰

夫易者象也爻者效也聖人所以仰觀俯察象天地日月星辰草木萬物順之則和逆之則亂夫細不可窮深不可極故揲蓍布爻用之於下筮分六十四卦配三百六十四爻序一萬一千五百二十策定天地萬物之情狀故吉凶之氣順六爻上下次之八九六七之數內外

承乘之象故曰兼三才而兩之孔子曰陽三陰四位之正也三者東方之數東方日之所出又圓者徑一而開三也四者西方之數西方日之所入又方者徑一而取四也言日月終天之道故易卦六十四分上下象陰陽也奇耦之數取之於乾坤乾坤者陰陽之根本坎離者陰陽之性命分四營而成易十有八變而成卦卦象定吉凶明得失降五行分四象順則吉逆則凶故曰吉凶悔吝生乎動又曰明得失於四序言吉凶生乎動五行休廢內犯胎養合五

行運機布度其氣轉易王者亦當則天而行與時消息安而不忘亡將以順性命之理極蓍龜之源重三成六能事畢矣分天地乾坤之象益之以甲乙壬癸（乾坤二分天地陰陽之本故分甲乙壬癸陰陽之始終）震巽之象配庚辛（庚陽入震辛陰入巽）坎離之象配戊己（戊陽入坎己陰入離）艮兌之象配丙丁（丙陽入艮丁陰入兌）八卦分陰陽六位五行光明四通變易立節天地若不變易不能通氣五行迭終四時更廢變動不居周流六虛上下無常剛柔相易不可以為典要惟變所適吉凶共

列于位進退明乎機要易之變化六爻不可據以隨時所占周禮太卜一曰連山二曰歸藏三曰周易初為陽二為陰三為陽四為陰五為陽六為陰一三五七九陽之數二四六八十陰之數陰主賤陽主貴陰從午陽從子子午分行子左行午右行左右凶吉吉凶之道子午分時立春正月節在寅坎卦初六立秋同用雨水正月中在丑巽卦初六處暑同用驚蟄二月節在子震卦初九白露同用春分二月中在亥兑卦九四春秋分同用清明三

月節在戌艮卦六四寒露同用穀雨三月中在酉離卦九四霜降同用立夏四月節在申坎卦六四立冬同用小滿四月中在未巽卦六四小雪同用芒種五月節在午乾宮九四大雪同用夏至五月中在巳兑宮初九冬至同用小暑六月節在辰艮宮初六小寒同用大暑六月中在卯離宮初九大寒同用孔子云易有四易一世二世為地易三世四世為人易五世六世為天易游魂歸魂為鬼易八卦鬼為繫爻財為制爻天地為義爻天地

即父母也福德為寶爻福德即子孫也同氣為專爻兄弟爻也龍德十一月在子在坎卦左行虎刑五月午在離卦右行甲乙庚辛天官申酉地官丙丁壬癸天官亥子地官戊己甲乙天官寅卯地官壬癸戊己天官辰戌地官靜為悔發為貞貞為本悔為末初爻上二爻中三爻下三月之數以成一月初爻三日二爻三日三爻三日名九日餘有一日名曰閏餘初爻十日為上旬二爻十日為中旬三爻十日為下旬三旬三十積旬成月積月成年八八六十

四卦分六十四卦配三百八十四爻成萬一千五百二十策定氣候二十四考五行於運命人事天道日月星辰局於指掌吉凶見乎其位繫云吉凶悔吝生乎動寅中有生火亥中有生木巳中有生金申中有生水亦云上生之位丑中有死金戌中有死火未中有死木辰中有死水土兼於中建子陽生建午陰生二氣相衝吉凶明矣積算隨卦起宮乾坤震巽坎離艮兊八卦相盪二氣陽入陰陰入陽二氣交互不停故曰生生之謂易天地之内

無不通也乾起巳坤起亥震起午巽起辰坎起子離起丑艮起寅兊起闕 於六十四卦遇王則吉廢則凶衝則破刑則敗死則危生則榮攷其義理其可通乎分三十為中六十為上三十為下總一百二十通陰陽之數也新新不停生生相續故淡泊不失其所確然示人陰陽運行一寒一暑五行互用一吉一凶以通神明之德以類萬物之情故易所以斷天下之理定之以人倫而明王道八卦建五氣立五常法象乾坤順於陰陽以正

君臣父子之義故易曰元亨利貞夫作易所以垂教教之所被本被於有無且易者包備有無有吉則有凶有凶則有吉生吉凶之義始於五行終於八卦從無入有見災於星辰也從有入無見象於陰陽也陰陽之義歲月分也歲月既分吉凶定矣故曰八卦成列象在其中矣六爻上下天地陰陽運轉有無之象配乎人事八卦仰觀俯察在乎人隱顯災祥在乎天考天時察人事在乎卦八卦之要始於乾坤通乎萬物故曰易窮則變變

則通通則久久於其道其理得矣卜筮非襲於吉唯變所適窮理盡性于兹矣

晁氏公武曰漢藝文志易京氏凡三種八十九篇隋經籍志有京氏章句十卷又有占候十種七十三卷唐藝文志有京氏章句十卷而易占候存者五種二十三卷今其章句亡矣乃畧見於僧一行及李鼎祚之書今傳者曰京氏積算易傳三卷雜占條例法一卷或共題易傳四卷而名皆與古不同今所謂京氏易傳者或題曰

京氏積算易傳者疑隋唐志之錯卦是也雜占條例法者疑唐志之逆刺占災異是也錯卦在隋七卷唐八卷所謂積算雜逆刺占災異十二卷是也至唐逆刺三卷而亡其八卷元祐八年高麗進書有京氏周易占十卷疑隋周易占十二卷是也是故易家有書而無傳者多矣京氏之書幸而與存者纔十之一尚何離夫師說邪景迂嘗曰余自元豐壬戌偶脫去舉子事業便有志學易而輒好王氏本妄以謂弼之外當自有名象者果得

京氏傳而文字顛倒舛訛不可訓知迨其服習甚久漸有所窺今三十有四年矣乃能以其象數辨正文字之舛謬於邊郡山房寂寞之中而私識之曰是書兆乾坤之二象以成八卦凡八變而六十有四於其往來升降之際以觀消息盈虛於天地之元而酬酢乎萬物之表者炳然在目也大抵辨三易運五行正四時謹二十四氣志七十二候而位五星降二十八宿其進退以幾而為一卦之主者謂之世奇耦相與據一以起二而為主

之相者謂之應世之所位而陰陽之肆者謂之飛陰陽肇乎所配乾與坤震與坎巽與離艮與兌而終不脫乎本以飛某位之卦乃伏某宫之位以隱顯佐神明者謂之伏起乎世而周乎内外參乎本數以紀月者謂之建終之始之極乎數而不可窮以紀日者謂之積會於中而以四為用一卦備四卦者謂之互乾建甲子於下坤建甲午於上八卦之上乃生一世之初初一世之五位乃分而為五世之位其五世之上乃為游魂之世五世之初乃為歸魂之世而歸魂之

初乃生後卦之初其建剛日則節氣柔日則中氣其數虛則二十有八盈則三十有六蓋其可言者如此若夫象遺乎意意遺乎言則錯綜其用唯變所適或兩相配而論内外二象若世與内革水火配位離火四世水若世與外用金木交爭外先金初世木或不論内外之象而論其内外之位萃土木入艮兌若伏初土四水或三相參而論内外與飛賁土火木分陰陽艮土離火飛水若伏旅火土木入離艮離火艮土休伏木或相參而論内外世應建伏觀金土火木互爲體庫金水應内土伏火外木或不論内外而論世建與飛伏益金土入震巽

世與飛土建與伏金或兼論世應飛伏復水上見伏世應水土飛伏水土也上木應象世應
土木飛伏土水或專論世應大金木合乾兌入坤象世金應木蠱金木入艮巽世金應木或
論世之所忌履金火入卦初九火鬬九四火克九五世金爻及乾爻金或論世之所
生巽火木與巽同宮世木巽木見火於其所起見其所滅大壯起于子滅于亥於
其所刑見其所生隨金木交刑水火相激兌金巽木故曰死於位生於
時死於時生於位苟非彰往而察來微顯而闡幽者曷
足以與此前是小王變四千九十有六卦後有管輅定
乾之軌七百六卦復有八坤之軌六百七十有二其知

之者將可以語邵康節三易矣從小王之徒唯知尚其詞耳其謂斯何昔魯商瞿子木受易孔子五傳而至漢田何子莊何授洛陽丁光光授碭田王孫王孫授東海孟喜孟喜授梁焦贛延壽延壽授房房授東海殷嘉河東姚平河南乘弘由是易有京房之學而傳盛矣有瞿牧自生者不肯學京氏曰京非孟氏學也劉向亦疑京託之孟氏子不知當時為何說也今以當時之書驗之蓋有孟氏京房十一篇以大災異孟氏京房六十六篇與

夫京氏殷嘉十二篇同為一家之學則其源委孰可誣哉此亦學者不可不知也若小王者果何所授受邪蓋自京氏為王學有餘力而王學之適京氏則無繇矣或傳是書而文字外謬得以予言而攷諸凡學不可就正者缺以待來哲積算雜占條例法具如別錄

乾　姤遯否觀　震　豫解恒升

剥晉大有　井大過隨

坎　節屯既濟革　艮　賁大畜損

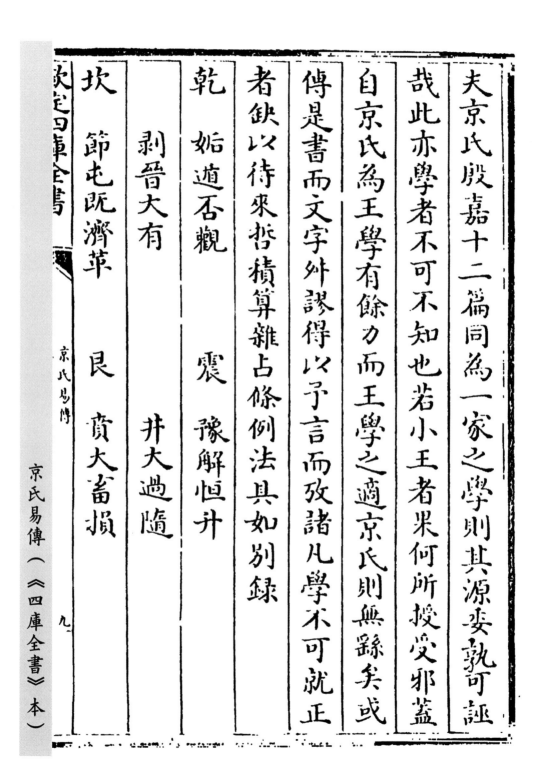

豐明夷師　睽履中孚漸

坤

復臨泰大壯　巽　小畜家人益无妄

夬需比　筮嗑頤蠱

離

旅鼎未濟蒙　兌　困萃咸蹇

渙訟同人　謙小過歸妹

京氏易傳卷下

書名：京氏易傳古本五種(上)
系列：易學經典文庫
原著：【漢】京房
主編•責任編輯：陳劍聰

出版：心一堂有限公司
通訊地址：香港九龍旺角彌敦道六一〇號荷李活商業中心十八樓〇五一〇六室
深港讀者服務中心：中國深圳市羅湖區立新路六號羅湖商業大厦負一層〇〇八室
電話號碼：(852) 67150840
網址：publish.sunyata.cc
淘宝店地址：https://shop210782774.taobao.com
微店地址：https://weidian.com/s/1212826297
臉書：https://www.facebook.com/sunyatabook
讀者論壇：http://bbs.sunyata.cc

香港發行：香港聯合書刊物流有限公司
地址：香港新界大埔汀麗路36號中華商務印刷大廈3樓
電話號碼：(852) 2150-2100
傳真號碼：(852) 2407-3062
電郵：info@suplogistics.com.hk

台灣發行：秀威資訊科技股份有限公司
地址：台灣台北市內湖區瑞光路七十六巷六十五號一樓
電話號碼：+886-2-2796-3638
傳真號碼：+886-2-2796-1377
網絡書店：www.bodbooks.com.tw
心一堂台灣秀威書店讀者服務中心：
地址：台灣台北市中山區松江路二〇九號1樓
電話號碼：+886-2-2518-0207
傳真號碼：+886-2-2518-0778
網址：http://www.govbooks.com.tw

中國大陸發行　零售：深圳心一堂文化傳播有限公司
深圳地址：深圳市羅湖區立新路六號羅湖商業大厦負一層008室
電話號碼：(86)0755-82224934

版次：二零一九年六月初版，平裝
裝訂：上下二冊不分售

心一堂微店二維碼　心一堂淘寶店二維碼

定價：港幣　三百八十八元正
新台幣　一千五百八十八元正

國際書號 ISBN 978-988-8582-80-8